교과서 중심

스토리텔링 과학 동화

교과서 중심

스토리텔링 과학동화

2학년

글 홍건국 ● 그림 심윤정

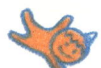

머리말

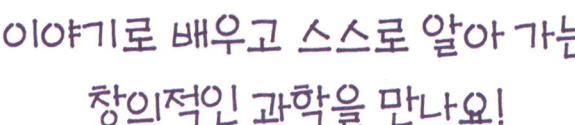
이야기로 배우고 스스로 알아 가는
창의적인 과학을 만나요!

"과학 공부는 지겨워요!"
 같은 학교, 같은 교실, 같은 선생님과 공부를 하는데도 어떤 친구는 과학 공부를 좋아하고, 어떤 친구는 과학 공부를 무지무지 싫어해요. 과학을 공부로만 여기다 보니 진짜 재미를 느낄 수 없어서예요.
 어린이 여러분, 옛날이야기를 들어 본 적 있지요? 공부라면 고개를 절레절레 흔드는 어린이도 재미있는 이야기에는 푹 빠져들어요. 그렇다면 과학을 이야기로 배우면 어떨까요?
 이야기 속에는 사람들의 마음을 붙잡는 큰 힘이 숨겨져 있어요. 신비롭고

놀라운 상상, 다음에는 어떤 일이 펼쳐질까 손에 땀을 쥐게 하는 긴장감, 주인공을 통해 알아 가는 새로운 사실과 감동 등이 바로 이야기가 갖는 힘이지요. 이런 이야기의 힘이 과학 공부를 쉽고 재미있게 만들어 줘요. 다양한 지식을 배워야 하기 때문에 자칫 딱딱하고 지루할 수 있는 과학이 보물 상자를 여는 것처럼 흥미진진해지는 것이지요.

  이런 생각을 바탕으로, 어린이 여러분이 과학을 좀 더 즐겁게 공부할 수 있기를 바라는 마음에서 탄생한 책이 《스토리텔링 과학동화》예요. 이야기 하나하나에 교과서에서 중요하게 다루는 기본적인 과학 지식을 담고, 읽기만 해도 원리를 이해할 수 있도록 정성을 기울여 구성했어요.
  정약용, 아인슈타인, 스티브 잡스가 혁신적인 생각으로 세상을 바꾸었듯, 미래에도 누군가가 세상을 새롭게 변화시킬 거예요. 그 주인공이 《스토리텔링 과학동화》로 과학을 공부한 여러분이 되기를 간절히 바랍니다.

    글쓴이 **홍건국**

차례

바람 인형과 허수아비 • 8
동화 속 과학 이야기_우리 몸

고집불통 왕자님, 황사 괴물이 와요! • 20
동화 속 과학 이야기_황사

깨끗한 쓰레기, 더러운 쓰레기 • 32
동화 속 과학 이야기_재활용품과 쓰레기

곤충이 툭하면 도망치는 이유 • 44
동화 속 과학 이야기_곤충의 특징

최고의 음식 • 60
동화 속 과학 이야기_여름 곤충과 서식지

싱싱칸 청소 대소동 • 72
동화 속 과학 이야기_채소와 과일

세상에서 가장 빠른 씨앗 • 86
동화 속 과학 이야기_ 여러 가지 씨앗

아기 단풍나무가 걸린 병 • 98
동화 속 과학 이야기_ 가을과 나무

삐삐의 용기 • 112
동화 속 과학 이야기_ 철새

꾀쟁이 토끼의 얼음집 팔기 • 128
동화 속 과학 이야기_ 물과 얼음

도깨비와 내기 한 판 • 140
동화 속 과학 이야기_ 열과 온돌

바람 인형과 허수아비

작은 마을 어귀에 바람 인형이 서 있었어요. 늦은 가을, 마을에서 '무공해 쌀 축제'가 열렸는데, 바람 인형은 이 축제를 알리는 일을 하고 있었어요.

"어휴, 바람 인형아! 하루 종일 그렇게 흐느적거리는 거 힘들지 않아?"

가을 내내 들판을 지키고 있던 허수아비가 온몸을 깃발처럼 세차게 흔들어 대는 바람 인형에게 물었어요.

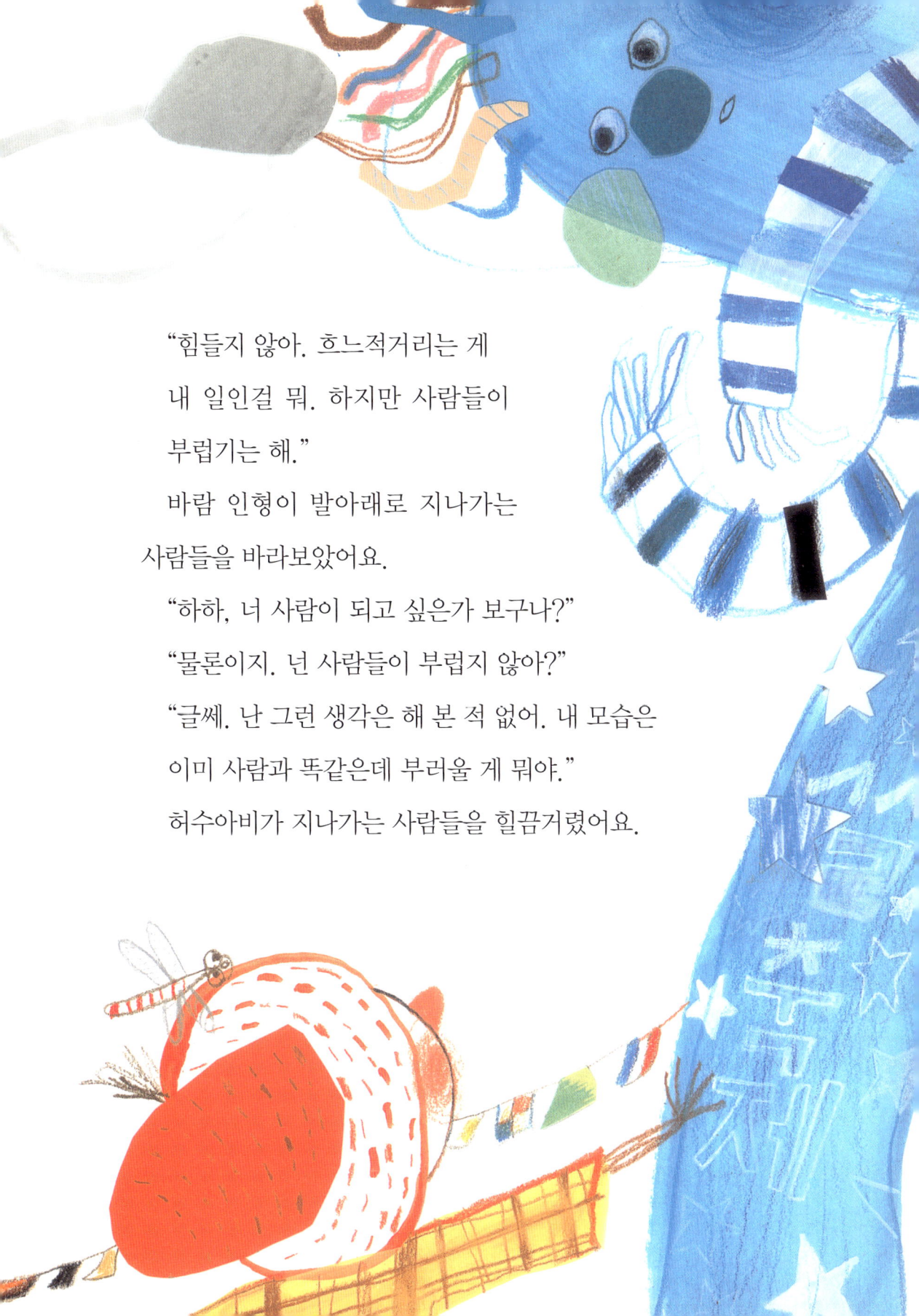

"힘들지 않아. 흐느적거리는 게 내 일인걸 뭐. 하지만 사람들이 부럽기는 해."

바람 인형이 발아래로 지나가는 사람들을 바라보았어요.

"하하, 너 사람이 되고 싶은가 보구나?"

"물론이지. 넌 사람들이 부럽지 않아?"

"글쎄. 난 그런 생각은 해 본 적 없어. 내 모습은 이미 사람과 똑같은데 부러울 게 뭐야."

허수아비가 지나가는 사람들을 힐끔거렸어요.

그때였어요.

"엄마야!"

한 아이가 바람 인형 앞을 지나다 돌부리에 걸려 넘어졌어요. 그러자 함께 걷던 친구가 걱정스러운 눈으로 넘어진 아이를 일으켜 주었어요.

"아이참, 조심해야지. 무릎에서 피가 나잖아."

친구는 넘어진 아이를 부축해 주었어요.

"도와줘서 고마워."

"고맙긴. 힘들 때 도와주는 게 당연하잖아."

아이들은 환하게 웃으며 바람 인형에게서 멀어져 갔어요. 아이들을 지켜보던 허수아비가 빙그레 웃더니 바람 인형에게 문제를 냈어요.

"맞혀 봐. 얼굴에 있고, 물체의 생김새와 색깔, 크기 등을 볼 수 있는 게 뭘까?"

"그거야 눈이지. 눈으로

눈이 두 개이기 때문에 물체의 높이나 넓이, 거리와 깊이, 위치를 정확하게 알 수 있어요. 한쪽 눈으로만 보면 거리를 정확하게 가늠하기 어려워요.

세상을 볼 수 있잖아."

바람 인형이 의기양양하게 대답했어요.

"오~ 맞았어. 그럼 팔에 붙어 있고, 물건을 잡을 수 있는 건 뭘까?"

"그건 손이야."

"좋아, 하나 더 낼게. 몸통에 붙어 있고 몸을 똑바로 설 수 있게 해 주는 건?"

"그건 다리지."

이렇게 묻고 대답하기를 몇 번, 바람 인형의 대답이 끝나기를 기다리던 허수아비가 말했어요.

"모두 정답이야. 네 말대로 얼굴에는 눈, 코, 입이 있고, 몸통에는 팔과 다리가 붙어 있으며, 팔에는 손, 다리에는 발이 붙어 있는 게 사람이야. 그런데 잘 생각해 봐. 그런 건 네 몸에도 다 있잖아."

바람 인형은 자신의 몸을 훑어보았어요. 허수아비의 말대로 얼굴에 눈, 코, 입이 있고, 몸통에는 팔과 다리가 있었어요. 허수아비도 마찬가지였어요. 두 다리는 없었지만 밀짚모자까지

쓴 허수아비는 사람 같아 보였어요.

"그러고 보니까 너도 나도 사람들과 똑같네."

"그렇다니까. 넌 이미 사람과 똑같이 생겼어. 고로, 넌 사람이 되고 싶어 할 필요가 전혀 없는 거지."

허수아비의 말고 듣고 나니 바람 인형은 정말로 사람이 된 것 같아 기분이 좋았어요.

"맞아, 맞아. 나도 아까 그 아이들과 똑같이 생겼으니까 사람이야. 하하하."

바람 인형은 신이 나서 이리저리 몸을 흔들며 춤을 추었어요. 허수아비도 이리저리 흔들어 대는 바람 인형에 맞춰 빙그르르 제자리 돌기를 했어요.

바람 인형과 허수아비가 그렇게 놀고 있을 때였어요. 갑자기 바람 인형에 바람을 넣어 주는 기계가 멈추었어요. 그러자 쉬이익 소리와 함께 바람 인형의 몸에서 바람이 빠져나갔어요.

"으악, 내 몸이 쪼그라들고 있어!"

바람 인형은 흐물흐물 휘청휘청하다가 허수아비 위에 척 걸쳐졌어요.

"허수아비야, 나 좀 도와줘. 몸을 가눌 수가 없어."

바람 인형이 허수아비에게 애타게 도움을 청했지만, 허수아비는 빙글빙글 돌기만 할 뿐이었어요.

"어떡하지? 나도 움직일 수가 없어."

바람 인형은 할 수 없이 쪼그라든 몸으로 한참을 있어야 했어요.

"이런, 기계가 또 고장 났네."

얼마 뒤, 한 남자가 다가와 바람 인형 밑에 있는 기계를 고쳤어요. 붕~ 다시 기계가 돌고 바람 인형이 부풀어 올랐어요. 그런데 한쪽 팔이 허수아비에 걸려 움직이지 않았어요.

"뭐야? 쓸모도 없는 허수아비를 아직도 안 뽑았잖아."

남자는 허수아비를 쑥 뽑아 옆구리에 끼고는 성큼성큼 걸어갔어요.

"바람 인형아, 나 좀 도와줘!"

허수아비가 소리쳤어요. 그러나 바람 인형 역시 도와줄 수가 없었어요.

"허수아비야, 나도 이 자리에서 움직일 수가 없어."

바람 인형은 그제야 알았어요. 사람과 자신의 차이점을 말이에요. 바람 인형은 자유롭게 거리를 걷는 사람들을 한참 동안 부러운 듯 쳐다보았어요.

동화속 과학 이야기

우리 몸

우리 몸은 어떻게 생겼을까요?

우리 몸은 머리, 몸, 팔, 다리 등 여러 부분으로 이루어져 있어요. 머리에는 머리카락과 눈, 코, 입, 귀가 있는 얼굴이 있으며 몸에는 팔과 다리가 붙어 있지요. 우리 몸의 각 부분을 살펴볼까요?

앞모습

- **머리카락**은 머리를 보호하고 햇빛을 막아요.
- 눈썹
- 속눈썹
- 이마
- **눈**으로 사물을 보아요.
- **코**로 숨을 쉬고, 냄새를 맡아요.
- **귀**로 소리를 들어요.
- **입**으로 음식을 먹고 말을 해요.
- 손가락
- 목
- **손**으로 물건을 잡아요.
- 가슴
- 젖꼭지
- **배**에는 우리 몸의 중요한 기관들이 들어 있어요.
- 배꼽
- 발가락
- **발**이 있어서 똑바로 설 수 있어요.
- 발뒤꿈치

왜 모두 다르게 생겼을까요?
아기는 태어날 때 부모님한테 유전자를 받아요. 이 유전자에는 키나 얼굴 생김새, 눈동자 색, 손과 발의 크기를 정하는 정보가 담겨 있는데, 이 정보는 사람마다 모두 달라요. 그래서 우리는 모두 다르게 생긴 거예요.

뒷모습

- 뒤통수
- 어깨
- **팔꿈치**가 있어서 팔을 굽혔다 폈다 할 수 있어요.
- 겨드랑이
- 등
- **팔**로 물건을 들 수 있어요.
- **허리**는 상체와 하체를 연결해 줘요.
- 엉덩이
- 허벅지
- **무릎**은 다리를 구부릴 수 있게 해요.
- 종아리
- **다리**로 걷거나 뛰어요.
- **발목**은 발과 다리를 이어요.

우리 몸은 어떻게 자랄까요?

갓 태어나 울기만 하던 아기가 몇 달이 지나면 혼자 앉고, 일 년 뒤에 서서 걷는 걸 보면 참 신기해요. 이렇게 키가 커지고 몸무게가 늘어나며 자라는 걸 성장이라고 해요. 아기가 태어나서 노인이 되는 과정을 알아보아요.

탄생
엄마 몸에서 9개월을 지내고 나면 아기가 태어나요.

7개월
태어난 지 7개월 정도 되면 혼자 앉아 있을 수 있어요.

12개월
만 1살 정도 되면 혼자 설 수 있어요.

4살
4살 정도 되면 기저귀를 떼고 변기에 용변을 볼 수 있어요.

장년기
30~40살 정도에는 결혼도 해서 아이를 낳고 엄마, 아빠가 되어요.

청년기
20살이 넘으면 어른이에요. 학교를 졸업하고 나면 사회에 첫발을 내디뎌요.

노년기
중년기를 거쳐 노년기에 접어들면 몸이 약해지고, 주름이 늘고, 흰머리가 생겨요.

6살
6살 정도 되면 혼자 옷을 입고, 세수를 할 수 있어요.

청소년기
초등학교 고학년이 되면 사춘기가 시작되어 몸이 점점 어른처럼 변해요.

고집불통 왕자님, 황사 괴물이 와요!

고집불통 왕자가 봄나들이를 나왔어요. 아침에는 쌀쌀하고 안개까지 끼더니, 해가 뜨자 날씨가 무척 화창해져서 겨우내 갇혀 있다시피 궁궐에만 있었던 왕자를 반겨 주었어요.

"언제 어떻게 변할지 모르는 봄 날씨가 꼭 변덕쟁이 왕자님 같네요. 오호홍~!"

고집불통 왕자의 뒤를 따르던 시종이 봄나들이 길에 우스갯소리를 했어요.

"헤헤, 내가 좀 변덕스럽기는 하지."

다른 때 같으면 버럭 화를 냈을 텐데, 봄나들이가 즐거워 왕자는 시종의 말을 웃음으로 받아넘겼어요.

"와~ 꽃이다!"

고집불통 왕자는 후다닥 꽃밭으로 달려가 냄새를 맡았어요.

"야~ 나비다!"

펄쩍펄쩍 뛰며 나비도 쫓았지요.

"왕자님, 조심하세요. 꽃가루가 많이 날려요."

시종이 종종걸음을 치며 왕자를 따랐어요. 꽃가루가 눈이나 코로 들어가지 않도록 조심하라고 종알종알 일렀어요. 봄에는 꽃가루가 많이 날리는데, 눈이나 코로 들어가면 건강에 좋지 않거든요.

'쿵작쿵작 쿵작쿵작~.'

꽃가루는 신경도 안 쓰고 이리저리 뛰어다니던 왕자가 갑자기 멈췄어요.

"이게 무슨 소리냐?"

> 봄에는 다양한 식물들이 꽃을 피우기 때문에 꽃가루도 많이 날려요. 그래서 알레르기나 눈병, 콧물, 가려움증으로 고통받는 사람이 많아져요.

고집불통 왕자가 언덕 아래에서 들려오는 소리를 듣고 시종에게 물었어요.

"마을에서 노래자랑을 하나 봅니다."

시종이 사람들이 가득 모여 있는 마을 광장을 살펴보고 대답했어요.

"노래자랑? 오호, 그거 재밌겠다."

왕자는 뒤도 돌아보지 않고 광장으로 달려갔어요. 그러고는 곧장 노래자랑이 펼쳐진 무대 위로 뛰어 올라가 노래하고 있던 사람을 툭 밀쳐 내고 마이크를 빼앗았어요.

"내놔, 이제 내가 노래할 거야!"

깜짝 놀란 사람들, 어이없어하는 사람들, 어리둥절한 사람들……, 갑작스러운 왕자의 행동에 사람들은 그저 멍하니 바라보기만 했어요. 물론, 사람들이 그러든 말든 왕자는 노래를 불러 댔지요.

"저기…… 여러분, 왕자님이 고집불통에다 천방지축이니 이해해 주세요."

시종은 사람들을 달래느라 땀을 뻘뻘 흘렸어요. 이렇든 저

렇든 왕자의 노래가 겨우 끝났어요. 사람들은 억지로 손뼉을 쳤지요.

"아아~ 내 노래를 더 듣고 싶나 본데?"

고집불통 왕자는 박수 소리에 혼자 들떠서 또 노래를 부르기 시작했어요.

사람들은 할 수 없이 손뼉을 치며 박자를 맞춰 주었어요. 그런데 그때 언덕 위에서 뿌연 흙먼지가 밀려왔어요.

"황사 괴물이 온다!"

사람들은 황사를 보자 코와 입을 막으며 달아났어요.

"뭐야? 어디 가? 내 노래 안 듣고 다들 어딜 가느냐고!"

왕자가 사람들을 향해 소리쳤어요. 그러자 시종이 황급히 올라와 왕자를 달랬어요.

"왕자님, 황사 괴물이 옵니다. 어서 피하셔야 합니다."

고집불통 왕자는 황사 괴물이 뭔지 몰랐어요. 하지만 노래를 하지 못하게 하는 건 괘씸했어요. 왕자는 괜한 고집을 피우기 시작했어요.

"황사 괴물? 쳇, 오려면 오라고 해. 난 하나도 겁 안 나니까."

당황한 시종이 왕자를 말렸어요.

"제발, 그러지 마세요.

> 황사가 시작되는 몽골 지역의 사막이 자꾸 넓어져 황사가 점점 심해지고 있어요. 게다가 중국에 공장이 많이 생겨나 공장에서 나오는 중금속이 황사에 섞여 우리나라로 날아오고 있어요.

황사는 저 멀리 사막에서부터 날아오는 흙먼지와 모래바람이에요. 왕자님이 어떻게 황사 괴물을 이긴다고 이러시는 거예요?"

"시끄러워. 그깟 흙먼지랑 모래바람이 뭐가 무섭다고 다들 난리야? 난 계속 노래 부를 거야. 이제 막 감정이 잡히려던 차였단 말이야."

고집불통 왕자는 아랑곳하지 않고 꿋꿋이 다시 노래를 부르기 시작했어요. 무대를 떠난 사람들은 집에 들어가 창문을 꼭꼭 닫았어요. 거리를 지나다니는 사람들은 천으로 코와 입을 가렸지요.

"왕자님이 아무리 고집쟁이라도 이건 아니에요. 황사는 몸에 나빠서 들이마시면 안 돼요. 모래 먼지가 몸에 들어가면 병이 난다고요!"

시종이 발을 동동 굴렀지만 소용없었어요. 왕자는 들은 척도 않고 계속 노래를 불렀어요. 꼭 뿌연 황사 괴물과 싸움을 하는 것 같았지요. 황사 괴물은 점점 짙어졌고, 그럴수록 왕자의 목소리는 더 커졌어요.

그런데 어느 순간부터 왕자의 목소리가 갈라지기 시작했어요. 노래를 하다가 콜록콜록 기침을 하더니 나중에는 목소리가 아예 나오지 않았어요.

"어? 이상하다. 내 목이 왜 이래?"

왕자가 목을 잡고 소리쳤지만, 시종의 귀에는 오리가 꽥꽥거리는 소리로 들렸어요. 왕자는 목이 너무나도 아팠어요. 숨을 들이쉬고 내뱉을 때마다 마치 땅바닥에 맨살을 문지르는 것 같았지요.

고집불통 왕자는 황사 괴물이 자신의 목소리를 빼앗았다고 생각했어요. 겁이 덜컥 나고, 노래를 부르겠다며 고집을 부린 게 후회됐어요. 왕자는 눈물이 핑 돌았어요.

"황사 괴물이 내 목소리를 빼앗아 갔나 봐. 으앙~ 무서워. 어서 날 집에 데려다 줘!"

왕자가 소리쳤어요. 그러나 사람들의 귀에는 뜨거운 물에 빠진 돼지가 꿱꿱 울어 대는 것처럼 들렸어요. 창문을 닫고 집 안에 피신해 있던 사람들이 왕자를 비웃었어요.

"그러게, 제 말 좀 들으시라니까요."

　시종이 투덜거리며 왕자를 등에 업었어요. 겨우 궁궐로 돌아간 고집불통 왕자는 며칠 동안 끙끙 앓았어요. 기침을 할 때마다 목이 너무 아파 눈물을 줄줄 흘렸지요.
　황사 괴물에게 단단히 혼쭐이 난 왕자는 그 뒤로 쓸데없는 고집은 절대로 부리지 않았답니다.

동화 속 과학 이야기 ③ 황사

황사는 뭘까요?

봄이 되면 종종 뿌옇고 노란 모래 먼지가 하늘에 잔뜩 끼어 있어요. 이게 바로 황사예요. 황사는 우리 생활에 나쁜 영향을 주기 때문에 피하는 것이 좋아요. 봄철의 반갑지 않은 손님인 황사가 어떻게 우리나라에 오는지, 그 과정을 자세히 살펴보아요.

1 중국의 서쪽과 몽골 등지에는 큰 사막이 있어요. 봄철에는 사막이 건조해서 흙이 잘 부서져요. 이때 거센 바람이 불면 이 바람이 모래 먼지를 일으켜요.

2 모래 먼지 중에서 크기가 작은 알갱이가 하늘 높이 솟아올라요.

중국

황사는 어떤 영향을 미칠까요?

황사는 아주 작은 먼지라서 우리가 숨을 들이마실 때 몸속에 들어가 천식 같은 병을 일으키고, 눈에 들어가 눈병이 생기게 해요. 모래 먼지가 식물의 잎을 덮으면 식물이 햇빛을 못 받아서 시들고, 건물이나 공장의 기계에도 피해를 줘요. 게다가 요즘에는 중국에 공장들이 늘어나 중금속 같은 해로운 물질들이 황사에 섞여 오기 때문에 우리 건강에 더 큰 영향을 미치고 있어요.

황사의 피해를 줄이려면?
- 황사가 집 안으로 들어오지 않게 창문을 닫아요.
- 황사가 심할 때는 되도록 밖에 나가지 않아요.
- 밖에 나갈 때는 마스크를 써요.
- 밖에 나갔다 오면 몸을 깨끗하게 씻고 이를 닦아요.

황사가 오는 걸 미리 알 수 있어요

날씨의 변화를 미리 예상하고 사람들에게 알려 주는 것이 일기 예보예요.
황사도 날씨가 변하면서 생기는 것이라서 미리 알 수 있어요.

① 황사가 발생하는 곳에서 매일매일 공기 중에 모래 먼지가 얼마나 있는지를 조사해요.

② 모래 먼지가 많은 공기가 어떻게 움직일지 기상 위성에서 보내온 사진과 일기도 등을 보며 살펴요.

③ 슈퍼컴퓨터는 모래 먼지가 이동하는 길을 알아내고, 우리나라 곳곳에 설치된 관측 장비로 공기의 성분을 조사해 황사의 움직임을 확인해요.

④ 우리나라에 황사가 올 것으로 예상되면 방송, 인터넷, 문자 메시지 등으로 사람들에게 알려 미리 대비할 수 있게 해요.

깨끗한 쓰레기, 더러운 쓰레기

어느 날, 돼지 두 마리가 집을 나섰어요. 배가 고파서 주인 몰래 울타리를 넘은 거예요.

"넌 어디로 갈래?"

"난 먹을 게 많은 부잣집으로 갈 거야. 너는?"

"글쎄. 나도 같이 가면 안 될까?"

"안 돼. 부잣집 음식은 나 혼자 다 먹을 거야. 넌 저기 농부 집으로 가."

　욕심쟁이 돼지가 착한 돼지를 농부 집 쪽으로 밀었어요. 착한 돼지는 할 수 없이 농부의 집으로 갔어요.

　농부 집으로 간 돼지는 뒷마당을 어슬렁거렸어요. 주변을 살펴보니 쓰레기통 여러 개가 나란히 놓여 있었어요.

"지후야, 쓰레기는 꼭 분류해서 버려야 한단다."

농부와 아이가 바구니에 쓰레기를 한가득 가지고 나왔어요.

"아빠, 통조림 캔은 어디에 버려요?"

"통조림 캔은 재활용할 수 있으니까 캔 통에 넣으렴."

아이가 바구니에서 빈 캔을 골라냈어요.

"아빠, 신문지는요?"

"신문지는 잘 편 다음 차곡차곡 모아 묶어서 종이를 모으는 통에 넣거라."

아이는 아빠가 시키는 대로 통조림 캔은 납작하게 찌그러뜨리고 신문지는 차곡차곡 모아 각각의 통에 넣었어요.

"그런데 아빠, 힘들게 왜 분리해서 버려야 하는 거예요?"

아이가 이마에 흐르는 땀을 훔치며 아빠에게 물었어요.

"재활용을 하기 위해서지. 쓰레기를 재활용하면 환경을 지키고, 쓰레기의 양도 줄일 수 있거든. 거기다 자원도 아낄 수 있고 말이야."

아빠가 페트병과 빈 병도 따로따로 골라 통에 넣으며 대답했어요.

"지후야, 엄마 좀 도와줄래?"

엄마가 창문을 열고 아이를 부르자 아이는 엄마에게 재빨리 달려갔어요.

"엄마는 음식물 쓰레기를 버릴 테니까, 이 헌 옷 좀 의류함에 넣어 줄래?"
"네, 엄마."
아이는 헌 옷을 받아 들었어요.
"엄마, 헌 옷도 다시 쓸 수 있는 재활용품이에요?"

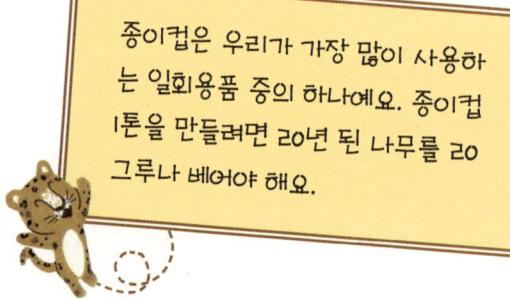

종이컵은 우리가 가장 많이 사용하는 일회용품 중의 하나예요. 종이컵 1톤을 만들려면 20년 된 나무를 20그루나 베어야 해요.

"물론이지. 헌 옷은 깨끗하게 빨아서 다른 사람에게 줄 수도 있고, 옷감을 손질해서 보온 덮개나 깔판 같은 다른 물건을 만드는 재료로도 쓸 수 있어."

엄마가 음식물 쓰레기를 통에 넣으며 말했어요.

"자, 재활용품 분류를 끝냈으니 이제 소풍을 갈까요?"

"그래요. 음식은 미리 다 준비해 두었으니까 바로 출발하면 돼요."

"참, 여보! 음식은 일회용품에 싸지 않았지요? 한 번 쓰고 버리는 일회용품은 모두 예비 쓰레기니까 가능하면 줄여야 해요."

"걱정하지 말고 어서 나갈 채비나 하세요."

엄마가 아빠를 향해 눈을 찡긋거렸어요.

농부네 가족이 소풍을 간 다음 착한 돼지가 음식물 쓰레기통을 열어 보았어요. 다른 쓰레기가 섞여 있지 않아서 돼지가 바로 먹을 수 있을 정도로 깨끗했어요. 착한 돼지는 배부를 때까지 음식을 실컷 먹었어요.

착한 돼지는 룰루랄라 콧노래를 부르며 집으로 돌아왔어요. 그런데 울타리 안으로 들어서다 깜짝 놀랐어요. 욕심쟁이 돼지가 주인한테 물벼락을 맞고 있었기 때문이에요.

"이런 멍청한 돼지 같으니라고. 대체 어디 가서 무얼 하다 왔기에 이 꼴이야!"

주인은 화가 나서 마구 물을 뿌려 댔어요. 자세히 보니 욕심쟁이 돼지의 몸은 더러운 쓰레기투성이였어요.

잠시 뒤, 풀이 죽어 있는 욕심쟁이 돼지에게 착한 돼지가 다가갔어요.

"아니, 어쩌다가 쓰레기를 뒤집어쓰고 온 거야?"

"몰라서 물어? 쓰레기통을 뒤지다 이렇게 된 거지."

"하긴, 쓰레기통을 뒤졌으니 쓰레기를 뒤집어썼겠지. 그건 그렇고, 음식은 배불리 먹었어?"

"음식은 무슨! 부잣집 쓰레기통은 캔에, 유리병에, 고장 난 기계에, 음식물 찌꺼기가 범벅되어 있어서 온몸에 상처만 입었어."

욕심쟁이 돼지가 여기저기 긁힌 상처를 혀로 핥으며 볼멘소리를 했어요.

"너는 뭣 좀 먹었어?"

"농부네는 쓰레기를 종류별로 분리해서 버리더라고. 덕분에 깨끗한 음식을 배불리 먹었어."

"이럴 줄 알았으면 농부네로 가는 건데, 괜한 욕심을 부렸나 봐."

착한 돼지는 부잣집 쓰레기통과 농부의 쓰레기통을 상상해 보았어요.

'부잣집 쓰레기통은 생각만 해도 끔찍하잖아! 농부네 쓰레기통은 버릴 게 없는 보물창고인데!'

착한 돼지는 그날 쓰레기를 분류해서 버리는 게 얼마나 중요한지 알게 되었답니다.

> 분리 배출은 쓰레기가 섞이지 않도록 미리 나누어 버리는 거예요. 깡통이나 종이, 옷, 비닐, 플라스틱 등은 따로 모아 다시 사용할 수 있어요.

동화 속 과학 이야기

재활용품과 쓰레기

재활용품은 어디에 쓰일까요?

일회용품을 점점 많이 사용하면서 쓰레기가 넘쳐 나고 있어요. 하지만 쓰레기를 잘 분류해서 버리면 다양한 곳에 다시 사용할 수 있어요. 재활용품이 어떻게 쓰이는지 알아보아요.

폐식용유 ⇒ 비누
더는 쓸 수 없는 식용유를 모아 약품으로 처리하면 세탁비누를 만들 수 있어요.

종이 ⇒ 재생 공책, 화장지, 판지
책, 신문지, 우유갑 등 종이를 차곡차곡 모아 버리면 공장에서 화장지나 재생 공책, 판지 같은 또 다른 종이로 탄생해요.

빈 병, 유리 ⇨ 병, 재생 유리
빈 병과 유리는 녹여서 다시 새로운 제품으로 만들 수 있어요. 내용물을 비우고, 색깔이 같은 것끼리 모아서 버려야 해요.

음식물 쓰레기 ⇨ 사료, 퇴비
쓰레기 중에서 가장 많은 부분을 차지하고, 처리하기도 어렵지만, 수분을 없애고, 가열, 건조해 톱밥을 섞는 등 특별한 처리를 하면 퇴비나 사료, 연료로 사용할 수 있어요.

플라스틱, 페트병 ⇨ 보도블록, 벽돌, 옷감
플라스틱은 특별한 방법으로 처리해 보도블록, 벽돌 같은 제품을 만들 수 있어요. 페트병은 화학 섬유를 만드는 폴리에스테르와 원료가 같아 옷을 만들 수도 있어요.

철, 알루미늄, 캔 ⇨ 다양한 금속 제품
음료수 캔이나 통조림 캔 등의 금속 쓰레기는 거의 대부분 재활용이 가능해요. 알루미늄 캔 하나를 다시 녹이면 또 다른 알루미늄 캔을 만들 수 있어요.

쓰레기가 지구를 위협해요!

우리 생활에서 나오는 일회용 쓰레기가 썩어 자연으로 돌아가려면 긴 시간이 필요해요. 나무젓가락과 종이컵은 20년, 칫솔과 캔은 100년, 플라스틱은 450년, 유리병은 1,000만 년이나 걸리지요. 넘쳐 나는 쓰레기 때문에 지구는 지금 몸살을 앓고 있어요.

음식물 쓰레기로 땅이 죽어 가요
음식물 쓰레기의 95퍼센트는 땅에 묻혀요. 염분이 많아 재활용하기 어렵기 때문이지요. 음식물 쓰레기를 땅에 묻으면 썩어서 악취가 나고, 썩은 물이 주변의 땅과 강, 지하수를 오염시켜요.

강과 바다가 몸살을 앓아요
함부로 버린 쓰레기는 빗물을 타고 강과 바다로 흘러가요. 해마다 장마철이면 강 하류나 바닷가에는 산더미 같은 쓰레기들이 가득 쌓이지요. 이런 쓰레기들은 우리의 강과 바다를 썩게 해요.

생물들이 죽어 가요

인간과 함께 행복하게 살아야 할 동물들이 쓰레기 때문에 죽어 가고 있어요. 고래와 바다거북, 물고기 들이 바다에 버린 그물에 걸려 죽고, 새와 포유동물들은 플라스틱 쓰레기를 삼켜 목숨을 잃기도 해요.

빙하가 녹고 있어요

쓰레기를 처리하는 데에는 많은 에너지가 들어가요. 이 에너지는 이산화 탄소를 발생시켜 지구의 기온을 오르게 해 빙하를 녹이지요. 쓰레기는 이렇게 또 다른 문제를 만들어 내요.

우주에도 쓰레기가 늘어 가요

우주를 향해 쏘아 올려진 로켓이나 우주선, 위성 들은 수명이 다하면 다시 지구로 가져올 수 없어서 쓰레기가 돼요. 현재 우주에는 지름 10센티미터 이상인 우주 쓰레기가 약 3만 5,000여 개, 1센티미터 이상인 것은 50~60만 개나 된다고 해요. 이런 우주 쓰레기는 보통 총알보다 10배나 빠른 속도로 우주 공간을 떠다니기 때문에 파괴력이 엄청나요. 1밀리미터만 되어도 우주인의 생명을 앗아 갈 수 있고, 10센티미터짜리는 인공위성도 파괴할 수 있다고 해요.

쓰레기로 몸살을 앓는 바닷가

곤충이 툭하면 도망치는 이유

세상의 한가운데 선물 아줌마가 있었어요. 선물 아줌마는 오랫동안 싸우지 않고 사이좋게 지낸 동물들에게 선물을 주기로 했어요.

선물 아줌마가 온갖 귀한 것들을 모아 놓은 선물 창고를 지키는 문지기에게 일렀어요.

"내가 동물들을 만나 선물을 정해 줄 거야. 너는 동물들이 창고를 찾아오면 선물을 하나씩 내주렴. 알았니?"

"네, 걱정하지 마세요!"

선물 아줌마는 동물들을 만나러 떠났어요. 처음 만난 동물은 쥐였어요.

"쥐야, 다른 동물들과 사이좋게 지내 줘서 고맙구나. 어떤 선물을 갖고 싶니?"

선물 아줌마가 묻자 쥐가 대답했어요.

"저는 덩치가 작으니 무서운 동물을 재빨리 피할 수 있게 하늘을 날 수 있는 날개를 주세요."

"그래, 알았다. 선물 창고를 지키는 문지기에게 날개를 달라고 하렴."

"야호! 신 난다."

선물 아줌마는 기뻐하는 쥐에게 편지를 써 주고, 뱀을 만나러 갔어요.

"뱀아, 말썽을 부리지 않고 착하게 지냈으니 선물을 줄게. 무엇을 갖고 싶니?"

"땅을 기어 다니기가 불편해요. 튼튼한 다리가 있었으면 좋겠어요."

"그러렴. 선물 창고를 지키는 문지기에게 가서 다리를 달라고 하렴."

뱀에게 편지를 써 준 선물 아줌마는 이번에는 닭을 만나러 갔어요.

"닭아, 받고 싶은 선물이 있으면 말하렴."

"저는 밤에도 잘 돌아다닐 수 있게 더듬이가 있었으면 좋겠어요."
"그래, 네 말대로 더듬이가 있으면 깜깜한 곳에서도 잘 다닐 수 있단다. 더듬이를 줄게."
닭은 신이 나서 파드닥거렸어요.
"선물 아줌마~ 선물 아줌마~!"
선물 아줌마가 강가를 지나는데 두꺼비가 쫓아왔어요.
"선물 아줌마, 저도 갖고 싶은 게 있어요."
"오, 두꺼비구나! 너도 심술을 부리지 않고 착하게 지냈으니 선물을 줘야지."
"헤헤, 당연하죠. 심술부리고 싶을 때마다 참느라고 얼마나 힘들었는데요."
"알았다, 알았어. 그래, 어떤 선물을 줄까?"
"튼튼한 갑옷을 주세요. 제 살은 너무 물렁물렁하거든요."
선물 아줌마는 두꺼비에게 갑옷을 주기로 하고, 더 많은 동물을 만나고자 길을 떠났어요.

> 곤충의 머리에는 더듬이 2개가 붙어 있어요. 코와 입 대신 더듬이로 진동을 느끼고 냄새를 맡고 맛을 보지요. 먹이를 찾고 적을 막는 역할을 해요.

세상 여기저기를 돌며 선물 아줌마가 동물들을 만나고 있을 때, 쥐가 제일 먼저 선물 창고에 도착했어요.

"선물 아줌마가 제게 날개를 주기로 했어요."

쥐가 문지기에게 선물 아줌마가 써 준 편지를 당당하게 내밀었어요.

'저 약삭빠른 쥐가 왜 날개를 원하는 거지?'

편지를 본 문지기는 날개가 궁금해졌어요.

"쥐야, 날개가 있으면 뭐가 좋니?"

"아이참, 하늘을 훨훨 날 수 있으니까 좋지요."

"아, 그렇구나! 날개를 줄 테니 잠깐만 기다리렴."

문지기는 쥐를 세워 두고 선물 창고에 들어갔어요.

'이 날개는 내가 가질래. 대신 쥐에게는 가죽 날개를 줘야지. 히히!'

문지기는 날개를 자기 등에 붙였어요.

"이상하다, 이상해. 날개가 원래 이렇게

> 날개가 달린 곤충은 처음으로 하늘을 날았던 동물이에요. 대부분 날개가 2쌍인데, 날개가 아예 없거나 1쌍인 곤충도 있어요.

생겼던가?"

쥐가 고개를 갸웃거리며 돌아간 뒤, 이번에는 뱀이 왔어요. 뱀은 문지기에게 다리를 달라고 했어요.

"다리가 있으면 뭐가 좋니?"

"다리가 있으면 빠르고 편하게 움직일 수 있어요."

문지기의 물음에 뱀이 대답했어요.

'다리가 그렇게 좋은 거라면 내가 가질래.'

문지기는 다리 여섯 개를 제 몸에 붙이고 뱀에게는 긴 꼬리를 가져다주었어요.

"이상하다, 이상해. 튼튼한 다리를 달았는데 왜 이렇게 불편하지?"

뱀이 투덜거리며 돌아갔어요. 잠시 뒤, 닭이 문지기를 찾아왔어요.

"선물 아줌마의 선물을 받으러 왔어요."

"어떤 선물?"

"제 선물은 더듬이예요. 더듬이는 냄새도 맡을 수 있고, 방향도 알 수 있고, 주변 물체나 다른 생물의 움직임도 느낄

수 있어요."

닭은 신이 나서 들뜬 목소리로 더듬이가 얼마나 좋은지 말해 주었어요.

'오호라, 더듬이가 있으면 정말 편리하겠어. 이것도 내가 가질래.'

문지기는 더듬이를 자기 머리에 붙이고 닭에게는 너덜너덜한 모자를 가져다주었어요.

"이상하다, 이상해. 더듬이 모양이 왜 이렇지?"

정수리에 얹은 모자가 영 어색해 닭은 머리를 흔들며 돌아갔어요. 곧이어 두꺼비가 왔어요.

"선물 아줌마가 약속하신 갑옷을 받으러 왔어요."

두꺼비가 반들반들한 등을 보이며 문지기에게 말했어요.

"갑옷?"

"네, 갑옷을 입으면 살갗에 상처도 안 나고, 무서운 천적의 공격도 막을 수 있어요."

문지기가 두꺼비의 말을 듣고 생각했어요.

> 곤충이 작은 건 몸을 지탱해 주는 딱딱한 껍질이 몸 밖에 있기 때문이에요. 즉 곤충은 몸집을 지탱해 줄 뼈대가 몸속에 없어 크게 자랄 수 없는 거예요.

'맞아, 갑옷을 입으면 천하무적일 거야.'

문지기는 갑옷도 욕심이 나서 갑옷을 제 몸에 둘렀어요. 대신 두꺼비에게는 울퉁불퉁한 멍석을 가져다주었어요.

"이상하다, 이상해. 갑옷이 너무 꺼끌꺼끌해!"

두꺼비가 온몸을 박박 긁으며 돌아갔어요.

며칠이 지나고 동물들은 선물 아줌마에게 우르르 몰려가 따졌어요.

"아줌마는 엉터리예요."

"아니, 그게 무슨 말이니?"

"아줌마가 주신 엉터리 갑옷을 입었더니 제 등이 이렇게 되었잖아요!"

두꺼비가 울퉁불퉁해진 등을 내보이며 화를 냈어요. 뱀도 긴 꼬리를 휘저으며 맞장구를 쳤어요.

"맞아요. 아줌마가 준 이상한 다리 때문에 기어 다니기가 더 힘들어졌다고요!"

닭과 쥐도 불만을 쏟아 냈어요.

"제 더듬이는 쓸모도 없는 게 거추장스럽기만 해요. 제가 원한 건 이런 게 아니었어요!"

"제 날개는 몸통에 붙어 있어서 날 때마다 온몸이 땅겨요. 다시 떼어 내 주세요!"

우스꽝스럽게 변한 동물들의 아우성에 선물 아줌마는 깜짝 놀랐어요.

"아니, 이럴 수가! 동물들에게 왜 이렇게 엉뚱한 선물을 준 거야!"

선물 아줌마와 동물들은 문지기에게 달려갔어요. 그러나 문지기는 혼이 날까 겁이 나 벌써 도망가고 없었어요.

"아이고, 미안해서 어쩌지? 문지기가 도망을 가서 선물을 돌려받을 수 없겠는걸."

"말도 안 돼요. 우리더러 계속 이 모습으로 살란 말이에요?"

동물들이 부르르 화를 내자 선물 아줌마가 미안한 얼굴로 말했어요.

 "얘들아, 미안하구나. 대신 이다음에 머리에 더듬이를 달고, 여섯 개의 다리로 걸으며, 갑옷처럼 딱딱한 껍질 속에 날개를 숨기고 있는 동물을 만나거든 너희가 혼내 줘도 좋아!"
 이렇게 해서 박쥐는 쭉쭉 늘어나는 가죽 날개를, 뱀은 구불구불한 긴 꼬리를, 닭은 너덜너덜한 벼슬을, 두꺼비는 우둘투

둘한 등껍질을 가지게 되었어요.

　문지기는 어떻게 되었느냐고요? 박쥐와 뱀과 닭, 두꺼비를 피해 도망 다니면서 잘 살았다고 해요.

　머리에 더듬이를 달고, 여섯 개의 다리로 걸으며, 갑옷처럼 딱딱한 껍질 속에 날개를 숨기고 있으면서, 박쥐와 뱀과 닭과 두꺼비만 보면 줄행랑을 치는 동물! 곤충들이 바로 문지기의 자식들이랍니다.

동화속 과학 이야기

곤충의 특징

곤충은 어떻게 생겼을까요?

세상에서 종류가 가장 많은 동물이 곤충이에요. 물론 숫자도 어마어마하게 많지요. 다양한 곤충들에게는 공통점이 있어요. 곤충을 구별하는 특징에는 어떤 것들이 있는지 알아보아요.

머리, 가슴, 배

말벌

몸이 머리, 가슴, 배 세 부분으로 나뉘어 있어요. 곤충에 따라 머리가 크기도 하고, 가슴이나 배가 발달하기도 해요.

다리

메뚜기

세 쌍, 여섯 개의 다리가 있어요. 가슴 부분과 연결된 다리에는 잘 구부러질 수 있도록 마디가 있어요.

껍질

장수풍뎅이 수컷

곤충 중에는 딱딱한 껍질로 덮여 있는 것들이 많아요. 딱딱한 껍질은 곤충의 몸을 보호해 줘요.

더듬이

머리에 한 쌍의 더듬이가 있어요. 촉감, 냄새, 바람 등을 통해 주변에 어떤 것이 있는지 알아내는 감각 기관이에요.

하늘소 수컷

겹눈과 홑눈

잠자리

곤충은 육각형 모양의 낱눈이 수백 개 모여 있는 겹눈을 가졌어요. 겹눈으로 물체의 형태, 색깔, 움직임을 봐요. 겹눈 사이에는 홑눈이 있는데, 명암을 구별하는 역할을 해요.

날개

호랑나비

날개가 있는 것도 있고, 없는 것도 있어요. 날개가 겉으로 드러나 있는 것도 있고, 딱딱한 앞날개 속에 속날개를 숨기고 있는 것도 있어요.

곤충마다 입 모양이 달라요

곤충들은 식물만 먹는 게 아니에요. 잠자리나 사마귀는 다른 곤충을 잡아먹기도 하고, 쇠똥구리는 동물의 똥을 먹기도 해요. 물속에 사는 물장군은 작은 물고기를 먹지요. 곤충들이 무얼 먹는지는 입을 보면 알 수 있어요. 먹이를 먹기 좋게 입이 발달했기 때문이에요.

씹는 입
턱이 발달하여 물어뜯거나 씹어 먹어요.
메뚜기, 잠자리, 사마귀

빠는 입
빨대처럼 긴 주둥이로 식물의 수액이나 다른 동물의 체액을 빨아 먹어요.
나비, 나방, 물자라, 게아재비

찌르는 입
길고 가는 주둥이를 나무나 동물의 몸에 찔러 넣어 수액이나 피를 빨아 먹어요.
모기, 매미, 노린재

핥는 입
입 끝이 스펀지처럼 되어 있어서 먹이를 잘 핥아 먹어요.
파리, 사슴벌레

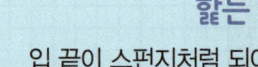

곤충들의 입 모양은 다양하구나~

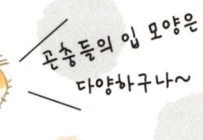

곤충이 아니에요

곤충과 닮았지만 곤충이 아닌 동물들이 있어요. 날개가 없거나 다리가 아주 많지요. 이런 벌레를 통틀어 절지동물이라고 해요.

거미

거미는 다리가 네 쌍이에요. 날개가 없고, 곤충과 달리 몸이 머리와 배로 나뉘어 있어요. 대부분은 거미줄을 쳐서 다른 곤충을 잡아먹지만, 땅을 기어 다니며 사냥을 하기도 해요.

그리마

그리마는 지네만큼이나 다리가 많아요. 돈벌레, 설설이라고도 하지요. 추운 날 따뜻한 집 안으로 들어오는 경우가 많아요. 다른 곤충의 알이나 허물을 먹어서 해충을 없애 줘요.

전갈

전갈은 입 가까이에 집게처럼 생긴 커다란 더듬이다리가 한 쌍 있어요. 말려 올라간 꼬리 끝에는 독침이 있지요. 더듬이다리로 먹이를 찾으며 밤에 사냥해요.

지네

지네는 몸이 여러 개의 마디로 되어 있고, 마디마다 양쪽으로 한 쌍의 다리가 있어요. 다리가 무척 많은데, 적은 것은 15쌍, 많은 것은 170쌍까지 있어요.

공벌레

습하고 후미진 곳에 사는 공벌레는 머리와 7개의 마디로 된 가슴, 5개의 마디로 이루어진 배가 있어요. 위험이 닥치면 몸을 공처럼 동그랗게 말지요. 공벌레와 비슷하게 생긴 쥐머느리는 몸을 말지 않아요.

최고의 음식

온갖 식물이 무성한 여름 숲, 장수풍뎅이가 결혼식을 올리게 되어 잔치를 열기로 했어요.

"내일 결혼식 잔치를 열려고 하는데 어떤 음식을 준비하면 좋을까?"

장수풍뎅이가 매미와 사슴벌레에게 물었어요.

"최고의 음식은 뭐니 뭐니 해도 상수리나무에서 나오는 즙이지. 수액 말이야!"

"맞아, 맞아. 상수리나무 수액만큼 맛있는 것도 없지."

매미와 사슴벌레는 입을 맞추어 대답했어요.

"좋았어, 그럼 내일 잔치 음식은 상수리나무 수액으로 해야겠다. 결정!"

장수풍뎅이는 밤새 상수리나무 수액을 모았어요. 상수리나무에서 함께 어울려 사는 매미와 사슴벌레도 열심히 장수풍뎅이를 도왔지요.

다음 날, 상수리나무 아래에서 장수풍뎅이의 결혼식이 열렸어요. 많은 곤충이 모였지요.

"여러분, 제가 준비한 최고의 음식이에요. 마음껏 드세요!"

장수풍뎅이는 결혼식에 온 곤충들 앞에 신선한 상수리나무 수액을 내놓았어요. 그런데 수액을 먹은 곤충들의 얼굴이 일그러졌어요.

"웩!"

"컥!"

대벌레, 메뚜기, 거위벌레가 구역질을 했어요.

> 장수풍뎅이는 우리나라에 사는 풍뎅이 중 몸집이 가장 커요. 암컷은 뿔이 없고 수컷의 머리에는 긴 뿔이 있어요. 오래된 나무의 수액을 먹고 살아요.

"이렇게 맛없는 음식은 처음이야!"
땅강아지도 불만을 털어놓았어요.
"도저히 못 먹겠어!"
떠들썩한 잔치가 벌어진다는 소식을 듣고 부랴부랴 물에서 나온 하루살이 애벌레와 물땅땅이도 입맛만 쩝쩝 다셨어요. 하늘소와 바구미도 수액을 슬쩍 내려놓았지요.
곤충들이 음식을 마음에 들어 하지 않자 매미가 서운한 얼굴로 말했어요.

"아니, 음식이 맛이 없다니 그게 무슨 소리야? 우리가 얼마나 열심히 준비했는데!"

그러자 이리 힐끗 저리 힐끗 눈치를 보던 대벌레가 대답했어요.

"그게, 식물의 수액은 너희 같은 장수풍뎅이나 매미, 사슴벌레에게나 최고로 맛있는 음식이야. 나나 거위벌레, 메뚜기는 식물의 잎이나 열매를 좋아한단 말이야."

대벌레가 조심스럽게 말하자 거위벌레와 메뚜기가 고개를 세차게 끄덕였어요. 하늘소도 입을 열었어요.

"맞아. 곤충들이 모두 식물의 수액을 좋아하는 건 아니야. 하늘소인 나는 수액도 먹긴 하지만 식물 줄기의 딱딱한 부분인 목질을 주로 먹고 살거든. 바구미는 곡물 낟알을 좋아하고."

"그래. 나에게 최고의 음식은 식물 뿌리야. 뿌리 먹어 봤어? 얼마나 맛있다고."

하늘소의 말에 땅강아지가 맞장구를 쳤어요.

"아, 이 일을 어쩌지? 난 곤충이라면 모두 식물의 수액을 좋아하는 줄 알았는데……. 물속에서 사는 너희도 이 음식이 마음에 들지 않아?"

곤충들의 푸념에 곤란해진 장수풍뎅이가 하루살이 애벌레와 물땡땡이에게 물었어요.

"응, 우리도 식물의 수액은 못 먹겠어. 우리에게 최고의 음식은 물속에서 자라는 식물의 잎이나 줄기거든. 수액은 입도 못 대겠어."

물땡땡이가 보일 듯 말 듯 입을 씰룩거렸어요.

"후유, 큰일이네. 기껏 준비한 음식이 쓸모없어졌으니 이를 어쩐담?"

상수리나무 수액을 적극적으로 추천했던 매미가 장수풍뎅이의 눈치를 보며 한숨을 길게 내쉬었어요. 그때 함께 음식을 준비했던 사슴벌레가 어색해진 분위기를 바꿔 보려고 자리에서 일어섰어요.

"여러분, 이렇게 장수풍

식물을 먹는 곤충도 있지만 꿀, 동물의 배설물, 다른 곤충을 먹기도 해요. 또 애벌레와 어른벌레가 다른 먹이를 먹어서 전체 먹이가 부족해지는 걸 막지요.

뎅이의 결혼식에 와 줘서 정말 고마워요. 여러분에게 최고의 음식을 대접하려고 식물의 수액을 마련했는데, 곤충마다 식물의 다른 부분을 먹고 살아간다는 걸 잘 몰랐어요. 절대로 장수풍뎅이의 마음이 부족한 건 아니에요. 최고의 음식은 정성이잖아요!"

매미도 사슴벌레를 거들고 나섰어요.

"그래요. 음식은 마음에 들지 않더라도 장수풍뎅이의 결혼을 축하해 주세요. 수액을 준비하느라 장수풍뎅이가 밤새 고생했거든요."

매미와 사슴벌레가 진심으로 이야기하자 곤충들의 마음이 스르르 풀렸어요.

"좋아, 그러면 내가 멋진 노래로 장수풍뎅이의 결혼을 축하해 줄게."

곤충 중에서 제일 먼저 메뚜기가 나섰어요. 메뚜기는 다리와 날개를 비벼 흥겨운 노랫소리를 들려주었어요. 그러자 물땅땅이가 나섰어요.

"나도 가만있을 순 없지."

물땅땅이는 몸을 뒤집어 빙글빙글 도는 춤을 추며 흥을 돋웠어요.

잠시 뒤 여름 숲은 흥겨운 노래와 신 나는 춤이 어우러진 곤충들의 잔치 마당으로 변했어요. 장수풍뎅이도 한가운데에서 아름다운 신부와 춤을 추었지요.

곤충들에게 최고의 음식을 대접하지 못해 서운했지만, 그날 장수풍뎅이는 자신의 마음을 알아주는 친구들 덕분에 가장 행복한 결혼식의 주인공이 되었답니다.

동화속 과학 이야기

여름 곤충과 서식지

여름 곤충을 살펴보아요

여름은 곤충들이 활발하게 활동하는 계절이에요. 먹이가 풍부하고 기온이 높아 번식하기 좋아서예요. 또 여름에 알을 낳아야 가을에 애벌레가 어른벌레가 되어 알을 낳고 봄에 부화할 수 있어요. 여름에 볼 수 있는 곤충을 살펴보아요.

사슴벌레
무당벌레
바구미
잠자리
장구애비
매미
물땅땅이
반딧불이

먹이를 먹지 않는 곤충도 있어요

하루살이는 애벌레 때는 먹이를 먹지만 어른벌레가 되면 입이 없어서 먹이를 먹을 수가 없어요. 몇 달에서 몇 년을 물속에서 애벌레로 지내다가 어른벌레가 되면 물 밖으로 나오는데, 보통 2~3일을 살면서 짝짓기를 하고, 알을 낳은 뒤 죽어요.

하루살이

우리의 건강을 해치는 해충도 있어요

사람에게 해를 끼치는 곤충을 해충이라고 해요. 대표적인 해충으로 파리, 모기, 바퀴벌레 등이 있어요. 여름철에 특히 활발하게 활동하며 병균을 옮겨요.

파리
더러운 것을 좋아해요. 쓰레기에 앉았다 음식에 앉았다 하며 여러 가지 병균을 옮겨서 식중독의 원인이 되기도 해요.

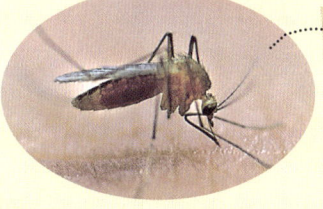

모기
덥고 습한 날씨에 활동해요. 땀 냄새를 좋아하며 사람의 피를 빨아 먹고 살아요. 물리면 가렵고 상처가 나며 전염병이 옮기도 해요.

바퀴벌레
습기가 많고 따뜻한 곳을 좋아해요. 썩은 음식도 모조리 먹어 치우며 쓰레기의 병균을 여기저기 옮겨요.

곤충들은 어디에서 살까요?

숲이나 들에 나가면 수많은 곤충들이 있어요. 또 커다란 나무나 얕은 웅덩이에도 곤충들이 살지요. 숲이나 들, 물가에는 어떤 곤충들이 살고 있는지 알아보아요.

풀숲에 사는 곤충들
풀이 자라는 풀숲에는 꽃이나 풀잎, 풀 줄기 등을 먹는 곤충들이 많아요. 바구미, 노린재, 나비, 잠자리, 여치, 메뚜기 등이 풀숲에서 살아요.

땅속에 사는 곤충들
곤충들은 땅속에도 있어요. 개미, 땅강아지, 집게벌레와 수많은 곤충의 애벌레들이 땅속에서 살아요.

싱싱칸 청소 대소동

"다빈아, 뭐 해? 엄마 좀 도와줄래?"

일요일 오후, 다빈이가 한창 책을 읽고 있는데, 엄마가 다빈이를 불렀어요. 엄마는 아빠와 함께 집 안 대청소를 하고 있었어요.

"우와, 이게 다 뭐예요?"

다빈이가 냉장고의 싱싱칸에 가득 들어 있는 과일과 채소를 보고 놀랐어요.

"뭐긴, 채소랑 과일이지. 이따 냉장고 청소할 거니까 채소 따로 과일 따로 바구니에 옮겨 담아 줘."

"네, 엄마."

다빈이는 엄마가 시키는 대로 채소와 과일을 따로따로 바구니에 담기 시작했어요.

'음, 채소는 사람들이 먹으려고 밭에서 기르는 식물이랬어. 그리고 과일은 나무에서 나는 열매야. 단맛이 나서 맛있게 먹을 수 있는 것.'

다빈이는 자신이 알고 있는 기준으로 오이, 고추, 양배추, 당근은 채소 바구니에, 사과와 배, 포도는 과일 바구니에 담았어요.

그런데 다빈이를 아리송하게 하는 것이 있었어요. 바로 토마토였어요.

'토마토는 어디서 나는 거지? 채소인가? 아냐, 단맛이 나서 맛있잖아.'

잠시 고민하던 다빈이가

> 과일이 얼마나 단지 이야기할 때 당도라는 말을 사용해요. 보통 당도가 높은 과일일수록 단맛이 더 많이 나요. 과일이 익을수록 당도가 높아지지요.

엄마에게 물었어요.

"엄마, 토마토는 채소예요, 아니면 과일이에요?"

"글쎄, 토마토는 사과처럼 열매니까 과일이 아닐까?"

엄마가 고개를 갸웃거리며 말했어요.

"아니야, 토마토는 채소야."

거실 유리창을 닦고 있던 아빠가 자신만만한 목소리로 말했어요. 아빠는 다빈이 쪽으로 성큼성큼 다가오더니 토마토를 보며 말을 이었어요.

"내가 토마토를 키워 봐서 아는데, 토마토는 오이나 가지처럼 한 해를 살고 죽는 풀에서 열리는 열매야. 여러 해를 사는 나무에서 나는 과일과는 다르지."

아빠는 토마토를 채소 바구니에 넣었어요. 그러자 엄마가 싱크대를 닦다 말고 다가왔어요.

"좋아요. 그럼 수박은 어느 바구니에 넣을 거예요?"

엄마는 다빈이 앞에 있는 수박을 손가락으로 콕콕 찍으며 물었어요.

"수박이야 당연히 과일이죠!"

아빠가 수박을 번쩍 들어 과일 바구니에 넣으려고 했어요. 순간, 엄마가 아빠를 막았어요.

"잠깐만요! 수박도 토마토처럼 한 해를 사는 식물에서 열려요. 따라서 당신 기준으로 하면 수박도 과일이 아니라 채소라고요."

엄마의 말에 아빠가 멈칫했어요. 수박은 분명히 과일이었으니까요. 참외나 멜론도 마찬가지였어요. 참외와 멜론도 토마토처럼 한 해를 살고 죽는 풀에서 열리지만 아무도 채소라고 하지는 않으니까요.

아빠는 잠시 생각에 잠겼어요. 그러더니 후다닥 방으로 뛰어 들어가며 말했어요.

"다빈아, 잠깐만 기다려 봐."

다빈이는 토마토를 채소 바구니에서 다시 꺼내 옆에 놓고, 다른 채소와 과일들을 바구니에 넣었어요. 감자와 양파, 생강, 브로콜리를 채소 바구니에 담았어요. 또 감, 복숭아, 키위는 과일 바구니에 넣었지요.

그때였어요. 아빠가 쿵쿵쿵 발소리를 내며 뛰어왔어요.

"알았다, 알았어! 토마토는 열매채소야."
"열매채소라고요?"
다빈이가 아빠를 올려다보았어요.
"응. 과일은 나무에서 열리는 열매야. 채소는 뿌리나 잎, 줄기, 열매 등을 먹기 위해 재배하는 풀이고. 토마토는 그중에서 열매를 먹는 거니까 열매채소라고 하는 거지."
"그럼 수박도요?"
"그래. 사실 이렇게 보면 참외나 수박, 딸기, 바나나, 멜론, 파인애플은 다 열매채소에 속해. 그렇지만 과일을 넓은 의미에서 보면 나무와 풀의 열매로 단맛이 나서 사람이 먹을 수 있는 것이기 때문에 이런 열매들은 보통 과일로 구분한단다."
"우아~ 어떻게 알았어요?"
"하하하, 아빠가 원래 척척박사잖아!"

입을 쩍 벌리며 감탄하는 다빈이에게 아빠가 엄지손가락을 세워 보이며 윙크를 했어요. 다빈이는 아빠가 정말로 대단해 보였어요.

다빈이는 다시 싱싱칸에 있는 나머지 채소들을 바구니에 옮겨 담았어요. 그러다가 또 헷갈리는 것들을 만나게 되었어요. 바로 호두와 밤이었지요.

"아빠, 호두랑 밤은 뭐예요?"

호두와 밤은 분명히 채소가 아니었어요. 하지만 그렇다고 과일 바구니에 넣기도 뭔가 이상했어요. 사과나 배 같은 과일은 안에 씨가 있고 물렁물렁한 부분을 먹는데, 호두와 밤은 씨를 먹는 거잖아요.

"글쎄? 잠깐만 기다려 봐."

아빠가 머뭇거리더니 다시 방으로 쌩하게 들어갔어요. 잠시 뒤, 아빠가 또 쿵쿵쿵 발소리를 내며 나왔어요.

"다빈아, 호두나 밤은 과일 중에서도 특별히 견과라고 해. 아몬드, 은행, 잣처럼 딱딱한 껍질 속에 들어 있는 씨를 먹는 과일이 다 견과지."

방에서 나오자마자 아빠가 의기양양하게 말했어요.

> 밤, 호두, 잣, 땅콩, 아몬드, 도토리 같은 견과에는 각종 영양소가 듬뿍 들어 있어요. 견과에 들어 있는 지방은 몸에 좋은 지방이지요.

"우아, 아빤 정말 모르는 게 없나 봐요. 우리 아빠 최고!"

"하하하, 아빠는 원래 척척박사랬잖아."

다빈이가 다시 한 번 감탄하는데, 엄마가 빙그레 웃으며 끼어들었어요.

"원래 척척박사라고요? 몰래 인터넷으로 검색해 본 건 아니고요?"

"무슨 소리예요. 난 원래 똑똑하다고요!"

"호호호! 원래 똑똑한 건 모르겠고, 방에만 들어갔다 나오면 똑똑해지는 건 확실한 거 같아요!"

엄마가 열려 있는 방문 틈으로 보이는 컴퓨터 화면을 보며 웃었어요.

"아이참, 그런데 당신은 과일이랑 채소를 사 왔으면 빨리빨리 먹어야죠. 이렇게 냉장고에 쌓아 두면 어떡해요? 이렇게

> 과일을 냉장고에 넣어 두면 더 맛있게 먹을 수 있어요. 하지만 따뜻한 곳에서 자라는 바나나와 열대 과일은 냉장고에 넣어 두면 안 돼요. 쉽게 물러져요.

뒀다가 못 먹으면 이게 다 쓰레기가 된다고요."

아빠가 애먼 불평을 마구 쏟아내기 시작했어요. 그래 봐야 엄마한테 싫은 소리를 들을 걸 뻔히 알면서도 말이에요.

"그걸 몰라서 그래요? 채소와 과일이 몸에 좋다고 그렇게 이야기를 해도 다빈이랑 당신이 고기만 먹으니까 그런 거잖아요. 채소랑 과일은 거들떠보지도 않고요."

"그건……. 아, 여기 아직 정리할 게 남았네. 다빈아, 아빠랑 같이 남은 채소 정리할까?"

할 말이 없어진 아빠는 재빨리 냉장고로 가서 채소를 나누고 싱싱칸을 깨끗하게 청소했어요.

다음 날, 다빈이와 아빠는 식탁에 앉아 깜짝 놀랐어요. 음식이 온통 채소였거든요.

"다빈아, 몸에 좋은 채소구나. 우리 맛있게 먹자!"

"네……. 아빠."

다빈이와 아빠는 그 뒤로도 며칠 동안 과일과 채소를 잔뜩 먹어야 했답니다.

동화 속 과학 이야기

채소와 과일

채소에는 어떤 게 있을까요?

사람들은 오래전부터 밭에서 식물을 키워서 먹어 왔어요. 이 식물들이 바로 채소예요. 채소는 사람들이 먹는 부분에 따라 구분할 수 있어요. 다양한 채소들을 살펴보면서 사람들이 어떤 부분을 먹는지 알아보아요.

뿌리를 먹어요
뿌리를 먹는 채소를 뿌리채소라고 해요. 뿌리에는 식물이 자라는 데 필요한 영양분이 많이 저장되어 있어요.
고구마, 무, 당근, 생강, 연근, 도라지

줄기를 먹어요
줄기를 먹는 채소들은 줄기채소예요. 줄기채소에는 소화를 도와주는 섬유소가 많이 들어 있어요.
감자, 양파, 토란

잎을 먹어요
주로 잎을 먹는 잎채소는 나물이나 쌈 등으로 많이 먹어요. 비타민, 섬유소같이 좋은 성분이 많아요.
배추, 깻잎, 상추, 아욱, 쑥갓, 시금치

열매를 먹어요
식물에서 열리는 열매를 먹어요. 보통은 나무가 아닌 한해살이풀에서 열리는 열매이며, 과일과는 달리 단맛이 많이 나지 않아요.
콩, 호박, 고추, 오이, 가지, 피망

꽃을 먹어요
채소 중에는 꽃을 먹는 것도 있어요. 꽃이 피기 전에 꽃봉오리를 따서 음식으로 먹는 거지요.
브로콜리, 콜리플라워

순을 먹어요
아스파라거스, 죽순처럼 새로 돋아나는 순을 먹기도 해요. 순은 씨앗에서 싹트는 것이 아니라 가지나 줄기에서 새로 돋아난 연한 싹을 말해요.
죽순, 두릅, 아스파라거스

계절에 따라 나는 과일이 달라요

과일에는 비타민이 많아요. 그래서 제철에 나는 과일을 먹으면 몸이 튼튼해지지요. 싱싱하고 맛있는 과일들이 언제 우리의 식탁에 오르는지 알아보아요.

봄철 과일

봄철에 먹을 수 있는 가장 대표적인 과일은 딸기와 앵두, 살구 등이에요. 딸기에는 비타민C가 많아 4개만 먹어도 하루에 필요한 비타민을 채울 수 있어요.

살구

앵두

딸기

여름철 과일

신선하고 맛있는 과일을 가장 많이 먹을 수 있는 계절이 여름이에요. 참외, 수박, 복숭아, 멜론, 자두 등 여름에는 다양한 과일들이 나거든요.

자두

참외

수박

가을철 과일

가을에는 나무에서 열리는 과일들이 많이 나요. 사과, 배, 포도, 석류, 감 등이 가을에 나는 과일이에요.

포도
사과
감

겨울철 과일

겨울에 가장 많이 보게 되는 과일은 귤이에요. 귤 농사를 많이 짓는 제주도는 겨울에도 따뜻해 11~12월에 수확할 수 있기 때문이에요.

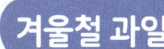

귤

과일과 채소를 다양한 특징으로 분류할 수 있어요

모양으로 나누기
둥근 모양 : 토마토, 자두, 포도, 수박
타원 모양 : 참외, 피망
길쭉한 모양 : 오이, 가지

색깔로 나누기
노란색 : 참외, 살구
초록색 : 오이, 수박, 피망, 애호박, 멜론
빨강, 자주색 : 토마토, 자두, 포도, 가지

크기로 나누기
큰 것 : 수박, 멜론
작은 것 : 자두, 토마토, 복숭아, 포도

씨의 갯수로 나누기
씨가 하나인 것 : 자두, 복숭아, 살구
씨가 많은 것 : 참외, 오이, 토마토

맛으로 나누기
단맛이 나는 것 : 수박, 복숭아, 참외, 포도
단맛이 나지 않는 것 : 오이, 가지, 피망

세상에서 가장 빠른 씨앗

달팽이 한 마리가 느릿느릿 길을 가고 있었어요. 한참을 가는데 어디서 웃음소리가 들려왔어요.

"하하하, 느림보 달팽이다!"

"호호호, 정말 느리네. 물구나무를 서서 가도 쟤보다는 빠르겠다!"

달팽이를 보고 웃는 것은 씀바귀, 봉숭아, 단풍나무, 도꼬마리, 머루 씨앗이었어요. 이리 쪼르르, 저리 쪼르르 바지런히 돌아다니는 동물들만 보아 온 씨앗들은 가는 건지 쉬는 건지 모르게 느릿느릿 기어가는 달팽이가 우스웠던 거예요.

　달팽이는 씨앗들의 웃음소리가 거슬렸지만 아랑곳하지 않고 묵묵히 제 갈 길을 갔어요. 그러자 성질 급한 씀바귀 씨앗이 말했어요.

　"내가 달팽이처럼 느리다면, 차라리 난 아무 데도 가지 않을 거야."

　단풍나무 씨앗도 씀바귀 씨앗의 말에 맞장구를 쳤어요.

　"맞아. 달팽이는 보고만 있어도 너무 답답해."

　가만히 씀바귀 씨앗과 단풍나무 씨앗의 이야기를 듣고 있던 도토리가 물었어요.

　"너희는 얼마나 빠른데 달팽이를 비웃는 거니?"

　씀바귀 씨앗이 씨앗 끝에 달린 낙하산 모양 솜털을 흔들며 대답했어요.

　"우리? 우린 바람만큼 빠르지. 바람을 타고 멀리까지 갈 수 있어."

> 식물은 자손을 퍼뜨리기 위해 씨앗을 만들어요. 움직일 수 없는 식물에게 가장 좋은 번식 방법이지요.

"맞아. 씀바귀 씨앗과 민들레 씨앗, 그리고 나 단풍나무 씨앗은 바람을 타고 멀리까지 갈 수 있어."

단풍나무 씨앗은 잠자리 날개 같은 비늘을 흔들며 우산처럼 생긴 민들레 씨앗과 장단을 맞췄어요.

그때 봉숭아 씨앗이 끼어들었어요.

"바람을 타고 멀리 가긴 하겠지만, 나는 못 당할걸? 나는 꼬투리가 터지는 순간 멀리까지 튀어 나가는데, 그 빠르기가 엄청나. 순식간에 일어나는 일이라 너희는 내가 멀리 가는 걸 알아차리지도 못할 거야."

봉숭아 씨앗이 꼬투리 속에서 자랑했어요. 그러자 이번에는 도꼬마리 씨앗이 나섰어요.

"가만, 빠르기라고? 나를 빼놓고 말하면 섭섭하지. 너희 여우 본 적 있지?"

"그럼, 봤지."

"그럼 여우가 엄청나게 빠르다는 것도 알고 있겠네?"

"당연하지. 여우는 너무 빨라서 휙 지나가면 얼굴을 보기도 어렵잖아."

씨앗들이 쑥덕거리자 도꼬마리 씨앗이 자신만만해졌어요.
"하하하, 나는 여우만큼 빨라."

"네가 여우만큼 빠르다고? 어떻게?"

아무리 보아도 도꼬마리는 여우처럼 날쌘 몸도 튼튼한 다리도 없는데, 어떻게 여우처럼 빠르다는 건지 씨앗들은 궁금했어요.

"나는 열매에 갈고리 같은 가시가 있어. 이 가시로 여우 털에 착 달라붙을 수 있지. 일단 여우 털에 달라붙기만 하면 난 여우만큼 빠르게 움직일 수 있어. 세상에서 가장 빠른 씨앗은 바로 나라고!"

도꼬마리 열매는 가시를 바짝 세우며 금방이라도 여우 털에 달라붙을 기세였어요. 가만히 듣고 있던 머루 씨앗이 나서기 전까지는 말이에요.

"여우가 빠르기는 해도 나만큼은 아닐걸?"

"뭐라고? 머루 네가 얼마나 빠르기에 날쌘 여우를 무시하는 거야!"

머루 씨앗이 발끈해서 대드는 도꼬마리 씨앗의 말문을 막았어요.

"여우가 아무리 빨라도 새보다는 느리잖아. 나는 새의 먹이가 되어 아주 멀리까지 날아가거든. 새의 배 속에 들어가기만 하면 새처럼 빠르게 하늘을 날 수 있다고!"

머루는 새들이 좋아하는 열매였어요. 다른 씨앗들은 가을 내내 새들이 머루를 먹는 것을 보았기 때문에 마땅히 반대를 할 수 없었어요.

"얘기를 듣고 나니까 머루 씨앗이 제일 빠른 것 같네."

"나도 머루가 세상에서 제일 빠른 씨앗이라고 생각해."

씨앗들이 머루를 세상에서 가장 빠른 씨앗이라고 치켜세웠어요. 그러자 머루 씨앗이 달팽이를 쳐다보며 말했어요.

"고마워, 하지만 너희도 실망하지 마. 저 달팽이보다는 빠르니까 말이야."

그러자 말없이 기어가기만 하던 달팽이가 씨앗들에게 한마디 했어요.

"어휴, 너희 참 한심하구나. 바람이나 동물, 꼬투리가 없으면 꼼짝도 할 수 없으면서 나더

> 씨앗은 특별한 조건이 갖춰져야 싹을 틔워요. 그래서 오랜 시간을 씨앗 상태로 지내기도 하지요. 2천 년 전의 대추야자 씨앗에서 싹이 튼 적도 있어요.

러 느리다고? 너희가 그렇게 빠르면 지금 당장 나를 따라와 봐. 어서!"
 씨앗들은 점점 멀어져 가는 달팽이를 오랫동안 지켜만 봐야 했어요. 한 발짝도 옮길 수 없었지요.
 씨앗들이 널리 퍼지는 방법은 여러 가지가 있지만, 그것은 모두 자연의 힘을 이용하는 것이지 스스로 움직이는 것은 아니기 때문이에요.

동화 속 과학 이야기

여러 가지 씨앗

씨앗을 퍼뜨리는 방법이 달라요

사람의 생김새가 모두 다르듯, 씨앗도 종류에 따라 모양이 달라요. 단풍나무 씨앗은 잠자리 날개처럼 생겼고, 민들레 씨앗은 솜털을 달고 있지요. 이런 모양은 식물이 씨앗을 퍼뜨리는 방법과 관계가 있어요.

바람에 날려서 퍼뜨려요
씨앗에 날개나 솜털 같은 부분이 있어 바람을 타고 날아가요.
단풍나무, 씀바귀, 소나무, 민들레

단풍나무

동물의 몸에 붙어서 퍼뜨려요
열매 표면에 가시가 있어 동물 몸에 달라붙어 이동해요.
도꼬마리, 도둑놈의갈고리, 쇠무릎, 도깨비바늘, 진득찰

도꼬마리

씨앗 속에는 뭐가 있을까요?

씨앗은 크게 배젖이 없는 씨앗과 배젖이 있는 씨앗으로 나뉘어요. 하지만 모두 싹을 틔우고 뿌리를 내릴 수 있는 부분과 영양분을 공급해 주는 부분을 담고 있어요. 그래서 나무도 되고, 풀도 될 수 있지요.

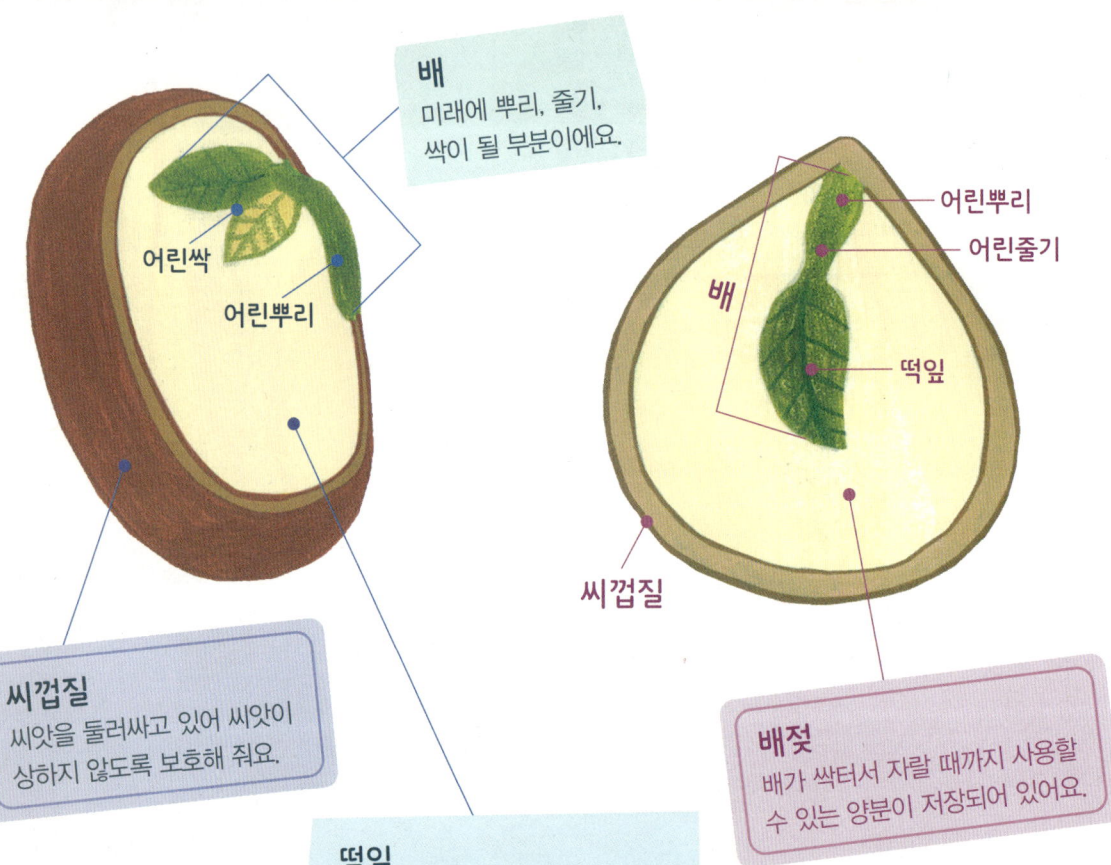

배젖이 없는 강낭콩 씨앗

배 미래에 뿌리, 줄기, 싹이 될 부분이에요.
- 어린싹
- 어린뿌리

씨껍질 씨앗을 둘러싸고 있어 씨앗이 상하지 않도록 보호해 줘요.

떡잎 배젖이 없는 씨앗은 떡잎에 양분을 저장해요. 떡잎은 싹이 트고서 첫 번째로 나오는 잎이에요.

배젖이 있는 감 씨앗

- 어린뿌리
- 어린줄기
- 배
- 떡잎
- 씨껍질

배젖 배가 싹터서 자랄 때까지 사용할 수 있는 양분이 저장되어 있어요.

씨앗이 자라면 다시 나무가 돼요

환경이 알맞으면 씨앗은 싹을 틔우고 쑥쑥 자라요.
열매를 맺으면 열매 안의 씨앗은 또다시 새로운 생명을 자라나게 하지요.

도토리가 땅에 떨어져 싹이 트고, 뿌리를 내렸어요.

초록색 잎이 났어요.

오랜 기간 쑥쑥 자라면 커다란 참나무가 될 거예요.

우리가 먹는 열매의 씨앗

우리가 먹는 열매의 씨앗은 어떻게 생겼을까요?

벼의 씨앗이에요. 껍질을 벗기면 쌀알이 나와요.

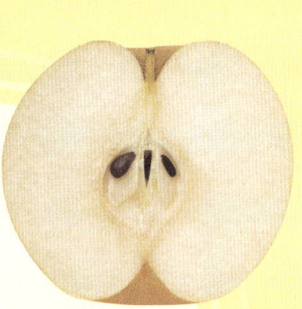

배는 씨앗이 열매 가운데 몰려 있어요.

키위는 작고 검은 씨앗이 알알이 박혀 있어요. 참 많지요?

호두 열매를 반으로 가르면 주름진 큰 씨앗 1개가 들어 있어요.

딸기는 씨앗이 특이하게 열매 바깥에 있어요. 까만 점 같은 게 씨앗이에요.

아기 단풍나무가 걸린 병

푸른 숲에 아기 단풍나무가 살고 있었어요.
"흑흑, 제가 병에 걸렸나 봐요."
가을이 오자 아기 단풍나무가 시무룩해졌어요. 날이 갈수록 빨갛게 변하는 잎 때문에 걱정이 되었던 거예요.
"아가야, 오늘은 어떠니?"
아기 단풍나무를 안타깝게 바라보던 소나무 아저씨가 물었어요.

"모르겠어요. 자고 났더니 더 빨개졌어요."
아기 단풍나무의 대답에 걱정이 가득했어요.
"어쩌지? 어린 게 얼마나 마음고생이 심할까?"

잣나무 아줌마가 조심스럽게 속삭였어요.

'소나무 아저씨랑 잣나무 아줌마, 전나무 할아버지는 모두 잎이 푸른데, 왜 나만 빨갛게 변하는 걸까?'

가을이 와도 여전히 푸른 빛을 잃지 않는 다른 나무들을 보며 아기 단풍나무는 한숨을 푹 내쉬었어요.

"아가야, 네가 어디서 왔는지 말해 주렴. 우린 너 같은 아이를 본 적이 없어서 말이야."

아기 단풍나무의 깊은 한숨 소리를 듣고 소나무 아저씨가 물었어요.

"저도 모르겠어요. 제가 어디에서 왔는지……."

아기 단풍나무는 자기가 어디에서 왔는지, 자신이 누구인지 도무지 알 수가 없었어요.

"거참, 네가 누구인지 알아야 도와줄 수 있을 텐데."

전나무 할아버지가 난감해했어요.

"할아버지, 제가 큰 병에 걸린 건 아니겠지요?"

"그럼. 여름까지만 해도 넌 파릇파릇하고 싱싱한 잎을 달고 씩씩하게 자라고 있었잖아. 걱정하지 말고 두루미 박사를 기다려 보자."

"두루미 박사요?"

"그래. 두루미 박사는 세상을 두루두루 여행하니까 네가 왜 그런지도 알 거야."

"언제 오는데요?"

"가을이 되었으니, 이제 곧 올 거야. 찬바람이 불면 가족들을 데리고 논밭이나 갯벌에 머무는데, 가는 길에 이 숲을 지나가거든. 그때 물어보자."

아기 단풍나무는 두루미 박사가 온다는 말에 기분이 좋아졌어요.

"그럼 제 병을 고칠 수 있겠죠?"

"아무렴, 고칠 수 있고말고."

소나무 아저씨가 활짝 웃으며 아기 단풍나무에게 용기를 북돋아 주었어요.

며칠이 흘렀어요. 푸른 숲 나무들은 아기 단풍나무의 비명에 잠을 깼어요.

"으앙, 잎이 오그라들었어요!"

아기 단풍나무는 바싹 마른 데다가 끝이 오그라든 자신의 잎을 보고 끝내 울음을 터뜨렸어요.

"두루미 박사가 곧 올 테니까 조금만 참아."

잣나무 아줌마가 아기 단풍나무를 다독였어요. 그때였어요. 저 멀리 두루미들이 보였어요.

"저기, 두루미예요!"

푸른 숲을 지키는 키다리 삼나무가 소리쳤어요.

"두루미 박사~ 여기 좀 봐 줘!"

잣나무 아줌마가 하늘을 나는 두루미 박사를 큰 목소리로 불러 세웠어요.

"무슨 일이에요?"

두루미 박사가 잣나무 아줌마 옆에 살포시 내려앉으며 물었어요.

"저기 있는 아기 단풍나무가 이상해. 무슨 병에 걸렸는지 가을이 되니까 잎이 빨갛게 변하더니 이제는 말라서 떨어지고 있어."

두루미 박사가 소나무 아저씨의 말을 듣고 아기 단풍나무를 살폈어요. 그러더니 껄껄껄 웃으며 말했어요.

"하하하, 병에 걸린 게 아니니까 걱정 안 하셔도 돼요. 마음 푹 놓으세요."

두루미 박사의 말을 듣고 난 아기 단풍나무는 겨우 안심이 되었어요. 그러면서도 자신에게 왜 이런 이상한 일이 일어났는지 궁금했어요.

"두루미 박사님, 다른 나무들 잎은 멀쩡한데 왜 저만 잎 색깔이 변하는 거예요?"

"그건 네가 단풍나무라서 그래. 너처럼 잎이 넓은 활엽수는 가을이 되면 대부분 나뭇잎을 떨어뜨리거든."

"아, 그런 거구나. 그럼 저기 소나무 아저씨나 잣나무 아줌마는 어떤 나무예요?"

"침엽수란다. 침엽수는 입이 뾰족하게 생겼고, 대부분은 사계절 내내 잎이 푸르러. 한꺼번에 잎을 떨어뜨리지도 않는단다."

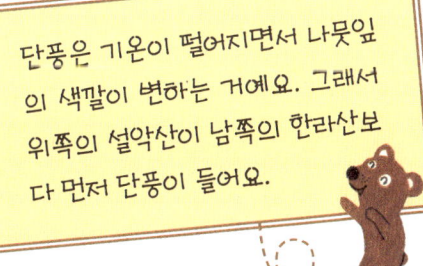

단풍은 기온이 떨어지면서 나뭇잎의 색깔이 변하는 거예요. 그래서 위쪽의 설악산이 남쪽의 한라산보다 먼저 단풍이 들어요.

아기 단풍나무는 그제야 궁금증이 풀렸어요.

"후유~ 정말 다행이에요. 전 아무것도 모르고 내내 걱정만 했어요."

마음이 홀가분해진 아기 단풍나무가 들뜬 목소리로 말했어요. 그런데 이번에는 두루미 박사가 고개를 갸웃거렸어요.

"그런데 아기 단풍나무야, 너는 왜 이곳에 혼자 떨어져 있니? 어떻게 왔어?"

"네?"

"음, 그러니까 지금 남쪽 산에는 단풍나무들이 잎을 붉게 물들이고 있어. 너는 어떻게 거기에서 멀리 떨어진 이곳에 혼자 있느냐는 말이야. 대부분 너 같은 활엽수들은 좀 더 따뜻하고 낮은 곳에 많이 살거든. 침엽수들은 추위에 강해 높은 곳이나 북쪽 지방에 많이 살지만."

아기 단풍나무는 대답하지 못했어요. 씨앗이 바람을 타고 이곳까

> 우리나라에는 다양한 나무가 있어요. 따뜻한 남쪽 해안가에는 동백나무 같은 활엽수가 많고, 북쪽 추운 곳에는 소나무, 전나무 같은 침엽수가 많아요.

지 오게 된 걸 단풍나무는 기억하지 못했기 때문이에요.

"두루미 박사님 말씀을 듣고 나니까 여기 있는 나무 중에 저만 이상한 것 같아요."

아기 단풍나무는 다시 시무룩해졌어요. 그러자 소나무 아저씨와 잣나무 아줌마가 따뜻한 목소리로 아기 단풍나무에게 힘을 주었어요.

"아기 단풍나무야, 속상해할 거 없어. 넌 이상한 나무가 아니라 특별한 나무거든. 우리가 쭉 보살펴 줄게."

"아무렴. 아기 단풍나무야말로 우리에게 나뭇잎 색깔로 계절을 알려 주는 소중한 나무지."

아기 단풍나무는 그제야 환하게 웃으며 고개를 들었어요.

"그래, 머지않아 네 이파리는 모두 땅에 떨어질 거야. 하지만 봄이 되면 새잎이 나고 넌 더 튼튼한 나무가 되는 거야. 용기를 잃지 말고 씩씩하게 자라렴."

두루미 박사도 아기 단풍나무를 응원했어요.

"알겠어요. 모두에게 부끄럽지 않은 나무가 될게요."

아기 단풍나무가 다시 하늘로 날아오르는 두루미 박사를 향

해 힘차게 가지를 흔들었어요.

  그 뒤로 두루미 박사는 푸른 나무 숲을 지날 때마다 홀로 빨갛게 물든 아기 단풍나무를 볼 수 있었어요. 해마다 키가 점점 자라나 멀리서도 눈에 딱 보였지요. 이제 거의 다 왔으니 조금만 더 힘을 내라고 알려 주는 등대처럼요.

가을과 나무

왜 나뭇잎 색깔이 변할까요?

가을이 되면 나뭇잎 색깔이 빨간색, 노란색, 갈색 등으로 바뀌어요. 식물의 잎에는 엽록소라는 초록색 색소가 있는데, 가을이 되어 온도가 내려가면 점점 사라져요. 그러면 엽록소 자리에 카로티노이드, 안토시안, 크산토필이라는 색소가 나타나 울긋불긋 단풍이 들어요.

가을에는 왜 나뭇잎이 떨어져요?

날씨가 추워지면 뿌리가 물과 영양분을 빨아들이는 힘이 약해져요. 그러면 나무는 물을 아끼려고 잎을 떨어뜨려요. 잎은 물을 수증기로 내보내거든요. 이렇게 나무가 잎을 떨구는 게 바로 낙엽이에요.

나무는 추운 겨울을 어떻게 나요?

겨울이 되면 나뭇잎이 모두 떨어지고 앙상한 나뭇가지만 남아요. 그런데 자세히 살펴보면 군데군데 작은 몽우리가 붙어 있어요. 바로 잎이나 꽃이 될 생명을 품고 있는 겨울눈이에요. 겨울눈은 늦여름부터 가을 사이에 생겨나 겨울을 나요. 추위에 얼어 죽지 않도록 솜털옷이나 비늘옷을 입고 있지요. 이듬해가 되면 이 눈에서 꽃이나 잎이 피어요.

벚나무의 겨울눈

나무의 종류에 대해 알아볼까요?

나무는 겨울에 잎을 떨어뜨리는지 아닌지에 따라 낙엽수와 상록수로 나누어요. 그리고 잎이 넓은지 날카로운지에 따라 활엽수와 침엽수로도 나누지요. 이렇게 하면 나무는 크게 상록 활엽수, 낙엽 활엽수, 상록 침엽수, 낙엽 침엽수로 구분할 수 있어요.

낙엽 활엽수
잎이 넓고, 겨울에 잎을 떨구어요.
단풍나무, 상수리나무, 느티나무

상록 활엽수
잎이 넓고 푸르며
겨울에 잎을 떨구지 않아요.
동백나무, 꽝꽝나무, 사철나무

동백나무

단풍나무

메타세쿼이아 　　소나무

낙엽 침엽수
잎이 바늘처럼 날카롭고
겨울에 잎을 떨구어요.
메타세쿼이아, 일본잎갈나무, 황철나무

상록 침엽수
잎이 바늘처럼 날카롭고 푸르며
겨울에 잎을 떨구지 않아요.
소나무, 가문비나무, 주목

우리나라에는 다양한 종류의 활엽수와 침엽수가 자라고 있어요. 나무는 기후의 영향을 많이 받기 때문에 지역에 따라 자라는 나무가 달라요. 남쪽의 해안가처럼 따뜻한 곳에는 동백나무, 사철나무 같은 활엽수가 많고, 중부 지방에는 떡갈나무, 소나무, 잣나무 등 활엽수와 침엽수가 함께 자라요. 북쪽의 추운 곳에는 소나무, 전나무 같은 침엽수가 많아요.

빼빼의 용기

　빼빼는 이른 봄에 태어난 올빼미예요. 형인 뿌뿌와 누나인 미미와 함께 미루나무 둥지에서 함께 살았지요. 둥지에서 내려다보면 산으로 이어지는 숲과 강가를 따라 펼쳐진 들판이 한눈에 들어왔어요.

　빼빼는 따뜻한 둥지에서 엄마가 들려주는 다른 새 이야기를 들을 때가 제일 행복했어요.

　"엄마, 저기 소나무 숲에는 누가 살아요?"

"황새가 산단다. 예전에는 어디서나 자주 볼 수 있는 새였는데 어느새 자취를 감춰 버렸고, 지금은 가을이 되면 드물게 이곳에 찾아와 겨울을 나고 간단다."

엄마는 기러기, 고니, 청둥오리, 두루미, 개똥지빠귀 같은 새들에 대해서도 이야기해 주었어요. 이런 새들은 봄에 추운 북쪽을 향해 날아갔다가 가을, 겨울이 되면 빼빼가 사는 곳에 찾아왔어요.

아빠도 새에 대한 이야기를 들려주었어요.

"아빠! 아빠는 어떤 새를 좋아해요?"

"아빠는 백로를 좋아한단다. 백로는 황새와 비슷하게 생겼는데, 길고 뾰족한 부리에 큰 날개를 펼치고 나는 모습이 정말 멋지단다."

"저도 백로가 어떻게 생겼는지 보고 싶어요. 어떤 새가 백로예요?"

빼빼가 둥지 밖으로 고개를 내밀고 숲과 강가를 살폈어요.

> 한 지역에 일 년 내내 살면서 번식을 하는 새를 텃새라고 해요. 반면 계절에 따라 이리저리 옮겨 다니며 사는 새는 철새예요.

그러자 아빠가 날개로 빼빼의 머리를 쓰다듬으며 말했어요.

"빼빼야, 백로는 지금 여기 없단다. 백로는 가을에 따뜻한 남쪽으로 떠났거든."

아빠는 가을에 이곳을 떠나서 지금은 볼 수 없는 새들에 대한 이야기를 들려주었어요. 제비와 뻐꾸기, 물총새, 솔부엉이, 찌르레기, 황로 같은 새들이 가을에 남쪽을 향해 날아간 새들이었지요.

"그럼 백로는 언제 볼 수 있어요?"

뿌뿌도 궁금한지 아빠에게 물었어요.

"백로는 이곳에서 여름을 보내는 여름 철새라서 날씨가 따뜻해지면 볼 수 있을 거야."

"여름 철새요?"

"그래. 새 중에는 계절에 따라 이동을 하며 사는 새들이 있는데, 이런 새들을 철새라고 한단다."

엄마는 두 눈을 말똥말똥 뜨고 있는 빼빼를 보며 말을 이었어요.

"철새에는 여름 철새, 겨울 철새, 그리고 나그네새가 있어."

"여름 철새는 여름을 이곳에서 지내고, 겨울 철새는 겨울을 이곳에서 지내는 거죠? 그런데 나그네새는 뭐예요?"

"나그네새는 북쪽에서 새끼를 낳고 가을쯤에 이곳에 잠시 쉬었다 남쪽에 가서 겨울을 나는 새야. 그리고 다음 해 봄이 되면 다시 이곳에 들렀다가 북쪽으로 날아가지. 그러니까 나그네새는 한마디로 봄과 가을에 이곳에 잠깐 들렀다 가는 새야."

엄마의 말을 듣고 있던 미미가 엄마의 날갯죽지 사이로 얼굴을 불쑥 내밀었어요.

"엄마, 그럼 여기에도 나그네새가 있어요?"

"도요새와 제비갈매기 같은 새들이 나그네새인데, 벌써 왔을지도 모르겠구나."

우리나라에는 오리, 고니, 두루미 등 약 260종의 겨울 철새가 와요. 이렇게 많은 종류의 철새가 오는 나라는 세계에서도 드물다고 해요.

엄마가 강가를 훑어보았어요. 그러다 커다란 새에게 쫓기는 작은 새를 가리켰어요.

"어머, 저기 도요새가

있구나!"

엄마가 가리키는 곳을 바라보던 새끼 올빼미들의 가슴이 콩닥콩닥 뛰기 시작했어요. 도요새가 커다란 새에게 붙잡혀 발버둥을 치고 있었기 때문이에요.

"으앙, 무서워요! 아빠, 저 새는 무슨 새인데 저렇게 크고 사나워요?"

"저 새가 바로 무시무시한 독수리란다. 음, 독수리는 원래 이곳에서 겨울을 보내고 봄이 되면 북쪽으로 떠나는데, 저 독수리는 떠나지 못했나 보구나. 하여튼 독수리는 무서운 새니까 너희도 특히 조심해야 해."

뿌뿌와 미미가 바들바들 몸을 떨었어요. 빼빼는 무시무시한 독수리의 모습을 보는 것만으로도 겁이 나 얼른 엄마의 품으로 몸을 숨겼어요.

그 일이 있고 난 얼마 뒤, 엄마와 아빠가 둥지를 비운 때였어요. 빼빼는 몸이 뭔가 이상했어요. 날개가 자꾸 간질간질하더니 긴 깃털이 솟아나기 시작했어요. 뿌뿌와 미미도 마찬가지였어요.

"형, 내 날개가 간지러워."

"나도 그래. 우리 이제 하늘을 날 때가 되었나 봐!"

"호호, 나도 나도!"

뿌뿌와 미미는 날개를 퍼덕이며 재미있어했어요. 그렇게 한참 동안 날개를 파드닥거리며 놀았어요. 그런데 아무리 기다려도 엄마 아빠가 돌아오지 않았어요.

"오늘따라 엄마 아빠가 많이 늦으시네. 우리 같이 마중 나가 볼까?"

뿌뿌와 미미가 둥지 밖으로 펄쩍 뛰어내렸어요.

"형! 누나! 위험해!"

빼빼는 형과 누나가 바닥에 떨어지는 줄 알고 놀라서 소리

쳤어요. 하지만 잠시 뒤 하늘을 날고 있는 뿌뿌와 미미의 모습이 눈에 들어왔어요.

"후유, 난 또 떨어지는 줄 알았네."

빼빼가 긴 한숨을 내쉬었어요.

"빼빼야, 너도 어서 날아 봐. 하늘을 나니까 기분이 정말 좋아. 야호~"

"맞아, 엄청 신 나!"

하늘에서 뿌뿌와 미미가 소리쳤어요. 그러나 빼빼는 도무지 용기가 나지 않았어요.

"무서워서 날 수가 없어."

빼빼는 날개만 파드닥거리다 결국 둥지에 주저앉고 말았어요. 그때였어요.

"으아악! 저리 가!"

하늘을 날고 있던 뿌뿌가 비명을 질렀어요. 커다란 독수리가 쫓아왔던 거예요. 뿌뿌가 위험해지자 미미가 독수리에게 달려들었어요.

"저리 가, 저리 가란 말이야!"

독수리는 커다란 발로 미미를 내리쳤어요. 그러자 미미는 하늘에서 중심을 잃고 힘없이 수풀로 떨어졌어요.

푸드덕푸드덕!

독수리가 수풀에서 허우적거리는 미미를 향해 날카로운 발톱을 세우고 날아들었어요.

"으악, 미미 누나가 위험해!"

빼빼가 둥지 위에서 훌쩍 뛰어내렸어요. 하늘을 나는 건 무척 무섭고 두려운 일이었지만 위험에 빠진 미미 누나를 두고 볼 수 없었던 거예요.

"누나, 내가 구해 줄게!"

 빼빼는 힘껏 날갯짓을 했어요. 그러고는 있는 힘을 다해 독수리를 밀쳐 냈지요. 재빨리 뿌뿌도 독수리에게 달려들었어요. 새끼 올빼미 삼 남매가 용기를 내어 무시무시한 독수리에게 맞섰어요.

 "이 꼬맹이 녀석들, 똘똘 뭉쳐서는 되게 귀찮게 구네. 기운도 없는데, 너희 오늘 운 좋은 줄 알아!"

독수리는 훌쩍 날아올라 멀리 날아갔어요.

"누나, 괜찮아? 다친 데 없어?"

"후유! 고마워, 빼빼야. 네가 아니었으면 큰일 날 뻔했어."

"우리는 올빼미 삼총사잖아. 나만 믿어. 형이랑 누나는 내가 꼭 지켜 줄 거야!"

올빼미 삼총사는 함께 하늘로 날아올랐어요.

"그리고 나도 형이랑 누나 덕분에 이렇게 하늘을 날 수 있게 되어서 정말 기뻐."

빼빼가 긴 날개를 힘껏 펼쳐 보였어요. 하늘을 날아오른 첫 날, 빼빼는 두려움을 이기고 용기를 내면 훨씬 더 많은 일을 할 수 있다는 것을 깨달았답니다.

동화속 과학 이야기

철새

우리나라를 찾는 철새들

우리나라는 무더운 열대 지방과 추운 한대 지방의 중간쯤에 있는 데다 넓은 갯벌과 평야, 숲이 있어 많은 철새가 찾아와요. 특히 겨울철에는 먼 거리를 여행하는 새들이 우리나라를 찾는데, 어떤 새는 겨우내 머물기도 하고, 어떤 새는 여행 중에 잠시 쉬었다 가기도 해요.

여름 철새

봄부터 남쪽에서 찾아와 우리나라에서 번식을 하고 가을이면 다시 남쪽으로 가요. 동남아시아나 멀게는 뉴질랜드에서 날아와요. 꾀꼬리, 뻐꾸기, 제비, 백로, 꼬마물떼새 등이 있어요.

꼬마물떼새

중대백로

겨울 철새

가을에 북쪽에서 찾아와 우리나라에서 겨울을 나고 봄이 되면 다시 북쪽으로 돌아가요. 시베리아, 중국의 북쪽 지방 등에서 번식을 해요.
기러기, 오리, 고니, 두루미 등이 있어요.

큰기러기
재두루미

나그네새

도요새

북쪽 지방에서 번식을 하고 남쪽에서 겨울을 지내고 다시 북쪽으로 올라가요. 봄과 가을에 이동하면서 우리나라에 잠시 머무르지요.
도요새, 물떼새 등이 있어요.

떠돌이 텃새도 있어요

텃새 중에는 항상 같은 곳에 머물지 않고 더울 때는 산꼭대기처럼 시원한 곳에서 살다가 추워지면 다시 평지나 숲으로 내려와 사는 새들이 있어요. 이런 새들을 '떠돌이 텃새'라고 해요. 떠돌이 텃새에는 꿩, 굴뚝새, 산솔새 등이 있어요.

철새는 먼 곳을 이동해요

종류마다 다르지만 대부분의 철새들은 목숨을 걸고 먼 길을 이동해요. 해마다 번식지와 월동지를 정해진 계절에 왕복하지요. 번식지에서 알을 낳고 새끼를 기르다가 먹이가 부족해지면 월동지로 이동해요. 철새가 어떻게 이동하는지 살펴보세요.

철새들은 하루에 약 200~600킬로미터를 날아가요. 물과 먹이를 먹지 못해 많은 철새가 여행 중에 죽기도 해요. 목적지에 도착한 새들도 몸무게가 대부분 반쯤 줄어 있어요.

월동지

월동지에서 먹이를 찾아 먹으며 겨울을 나요. 봄이 되어 날씨가 따뜻해지면 다시 번식지로 향해요.

여름에는 번식지에서 짝을 만나 알을 낳고 새끼를 길러요. 가을이 되어 날씨가 추워지기 시작하면 비교적 덜 추운 월동지로 향해요.

번식지

여행길에 태풍이나 큰비 등을 만나면 위험해요. 바람에 휩쓸려 추락하거나 깃털이 비에 젖어 날기가 어렵거든요. 이런 위험을 만나면 길을 바꾸어 여행을 계속해요.

철새들은 어떻게 길을 찾을까요?

자석 주위에는 자석의 힘이 미치는 공간이 있는데, 이를 자기장이라고 해요. 그런데 지구도 이런 자기장을 가지고 있어요. 이 자기장이 새에게 이동 방향을 알려 준다고 해요. 사람들이 나침반을 가지고 방향을 찾듯이, 새들은 몸속에 있는 철로 이루어진 자석 같은 기관으로 자기장을 감지하여 방향을 찾아가는 거예요.

꾀쟁이 토끼의
얼음집 팔기

　욕심쟁이 돼지의 집 앞에 커다란 감나무 한 그루가 있었어요. 가을이 깊고 깊어져 찬바람이 불기 시작한 어느 날, 감나무에 마지막으로 남아 있던 감 하나가 똑 떨어졌어요.
　"오~ 맛있겠다. 배가 고팠는데 잘됐어."
　때마침 감나무 아래를 지나던 토끼가 감을 주우려고 했어요. 그런데 감이 데구루루 굴러 돼지의 집 마당으로 쏙 들어갔어요.

"앗, 이게 웬 감이람!"

돼지가 기뻐하며 감을 주우려는데, 감을 쫓아 뛰어 들어온 토끼가 먼저 감을 집어 들었어요.

"토끼야, 그건 내 감이야. 이리 내!"

"무슨 소리야? 이 감은 내가 먼저 봤어. 이게 어째서 네 감이라는 거야?"

"감이 데굴데굴 굴러서 내 집 마당으로 들어왔잖아!"

돼지는 토끼의 손에서 감을 홱 낚아채 날름 삼켜 버렸어요.

"내 집 울타리에 들어온 거니까 이 감은 당연히 내 거야."

감을 빼앗긴 건 억울했지만, 토끼는 어쩌지 못하고 돌아서야 했어요.

'쳇, 자기 집 울타리 안에 들어왔다고 내 감을 보란 듯이 먹어치웠다 이거지!'

토끼는 화를 참으며 돼지를 혼내 줄 궁리를 했어요.

어느새 가을이 지나고 겨울이 왔어요. 감나무는 잎이 다 떨어져 앙상한 가지만 남았어요. 하늘에서 내린 눈이 쌓여 세상은 온통 하얗게 변했고, 감나무 옆을 흐르던 계곡물도 꽁꽁 얼어 버렸어요. 찬바람이 휭 지나며 감나무 가지를 흔들던 그때, 토끼들이 우르르 나타났어요.

"얘들아, 바로 여기야. 내가 부탁한 대로 이곳에 얼음집을 지어 줘."

토끼가 친구들에게 말했어요. 친구들은 계곡으로 내려가 얼음을 잘랐어요. 영차영차 얼음을 나르고, 뚝딱뚝딱 얼음 벽돌을 쌓으니 어느새 얼음집이 지어졌어요.

떠들썩한 소리에 집 안에 콕 박혀 있던 돼지가 밖으로 나왔어요. 돼지는 감나무 밑에서 얼음집을 짓는 토끼를 보고 깜짝 놀라 물었어요.

"아니, 웬 집이야?"

"응, 내가 살 얼음집이야."

"얼음집이라고? 얼음으로 집을 지으면 추워서 살 수가 없을 텐데?"

"천만에! 얼음은 물이 꽁꽁 얼어 있는 거라 차갑지만 얼음으로 집을 지으면 생각보다 따뜻해."

토끼는 돼지를 데리고 얼음집 안으로 들어갔어요. 얼음집 안은 토끼가 말한 대로 따뜻했어요.

"이야! 얼음집이 이렇게 따뜻하다니, 정말 신기하다."

토끼는 돼지를 데리고 나왔어요.

"이제 얼음 울타리를 칠 거야. 너도 도와줄래?"

"싫어. 난 추워서 그만 집에 들어갈래."

돼지가 돌아서는데 토끼가 말했어요.

"지금 날 도와주면 내년 가을에 열리는 감을 나눠 줄게."

"감을 나눠 준다고? 이 감나무에서 열리는 감이 네 것이라도 된다는 거야?"

"물론이지. 감나무 밑에 울타리를 치면 감은 당연히 내 울타리 안에 떨어질 거고, 그럼 감은 내 것이 되는 거지. 지난번에 네가 그랬잖아."

돼지는 가을에 자신의 울타리 안으로 굴러 들어온 감을 떠올렸어요. 동시에 토끼의 얼음집 울타리 안에 떨어질 수많은 감도 상상해 보았지요.

'이런! 감나무의 감은 모두 토끼 차지가 되겠는걸. 이걸 어쩌지?'

맛있는 감을 혼자 먹는 토끼의 모습을 상상하자 돼지는 갑자기 속이 쓰렸어요.

"알았어. 내가 도와줄게. 뭐부터 하면 돼?"

"응, 계곡에서 물을 퍼다 이 얼음 울타리 위에 뿌려 줘."

토끼가 꽁꽁 언 계곡을 가리켰어요.

"계곡은 꽁꽁 얼었는데 물을 어떻게 퍼?"
"다 언 건 아니야. 물은 위쪽에서부터 얼거든. 윗부분의 얼음을 깨면 아래에는 얼지 않은 물이 흐르고 있을 거야."

> 물은 0도에서 어는데, 0도보다 높은 4도일 때 가장 무거워요. 온도가 높은 물이 아래로 가라앉기 때문에 강물 위쪽부터 어는 거예요.

돼지는 토끼가 시키는 대로 얼음을 깼어요. 그러자 얼음 밑에는 정말 맑은 물이 흐르고 있었어요. 돼지는 토끼들을 도와 얼음에 물을 뿌렸어요. 물은 곧 얼었고, 얼음 울타리는 점점 높아졌어요. 얼음 위에 물을 뿌리면 물이 더 빨리 얼음으로 변하는 걸 이용해 토끼가 울타리를 만든 거예요.

돼지는 얼음 울타리가 높아질수록 배가 아프고, 속이 쓰려서 견딜 수가 없었어요. 커다란 감나무에서 주렁주렁 열릴 감을 토끼 혼자 차지하다니, 생각만으로도 부글부글 화가 났어요. 참다못한 돼지가 토끼에게 부탁했어요.

"토끼야, 이 집 나한테 팔아."
"방금 지은 집을 팔라고? 싫어!"

"그러지 말고 팔아. 내가 가진 맛있는 음식 다 줄게."

돼지는 토끼의 손을 붙잡고 사정을 했어요. 토끼는 돼지의 부탁을 못 이기는 척 고개를 끄덕이며 말했어요.

"할 수 없지. 네가 얼음집을 그렇게 원한다면 팔게."

돼지는 싱글벙글하며 토끼에게 얼음집을 샀어요. 대신 겨우내 먹으려고 모아 둔 음식을 전부 토끼에게 주었지요.

이듬해, 긴 겨울이 가고 봄이 왔어요. 겨울 동안 먹을 것이 몹시 모자랐지만 돼지는 감 생각을 하며 배고픔을 꾹 참았어요. 살랑살랑 봄바람이 불어오는데도 돼지는 얼음집에 틀어박혀 빨리 감이 열리기만 기다렸어요. 그때였어요.

'똑, 똑, 똑.'

돼지의 이마에 물방울이 하나둘 떨어지기 시작했어요. 돼지가 위를 올려다보니, 이게 웬일이에요. 얼음집이 녹아내리고 있었어요!

얼음집뿐만이 아니었어요. 얼음 울타리도 하루가 다르게 녹더니 끝내 흔적만 남아 버렸어요. 봄이 되어 날이 따뜻해지자 얼음이 모두 녹아 버린 것이었지요.

돼지는 그제야 토끼에게 속은 걸 알았어요. 공짜로 얻을 감에 정신이 팔려 얼음집을 산 걸 땅을 치며 후회했지만 이제 와 어쩔 수가 없었어요.

저 멀리서 몰래 돼지를 지켜보던 토끼가 말했어요.

"그러게, 그때 감을 나누어 먹었으면 좋았잖아!"

동화속 과학 이야기

물과 얼음

물과 얼음에 숨겨진 비밀

겨울은 얼음의 계절이에요. 얼음은 물이 모습을 바꾼 것이지만 물과는 그 성질이 달라요. 지금부터 물과 얼음의 놀랍고도 신비한 비밀을 만나 보아요.

물은 온도에 따라 상태가 변해요
물은 0도보다 낮은 온도에서는 얼음이 되고, 0~100도 사이에서는 물의 상태로 있어요. 100도가 넘으면 부글부글 끓어 수증기가 돼요.

물은 흔해요
바다, 강, 빙하 등 물은 지구에서 가장 쉽게 볼 수 있는 물질이에요. 지구 표면의 4분의 3이 물로 덮여 있어요.

얼음이 물보다 가벼워요
물이 얼어서 얼음이 되면 가벼워져요. 물은 온도에 따라 무게가 달라지는데, 4도일 때가 가장 무거워요.

물은 위에서 아래로 흘러요

물은 높은 곳에서 낮은 곳으로 흘러요. 그러다 서로 모이기도 하지요. 냇물이 모여 강물이 되고, 강물이 모여 바다로 흘러들어요.

바닷물은 강물보다 잘 얼지 않아요

강물이 꽁꽁 어는 추운 겨울에도 바닷물은 잘 얼지 않아요. 바닷물에는 소금이 섞여 있는 데다 매우 깊어서 일정 이상 낮은 온도로 내려가기 어렵기 때문이에요.

물은 모양이 없어요

물은 별 모양 그릇에 넣으면 별 모양이 되고, 세모난 그릇에 넣으면 세모가 돼요. 그래서 물을 그릇에 넣고 얼리면 그릇 모양 얼음이 생겨요.

물은 다른 물질을 잘 녹여요

설탕이나 소금을 물에 넣으면 녹아요. 이렇게 물은 다른 물질을 잘 녹여요.

얼음은 미끄러워요

얼음은 미끄러워서 썰매나 스케이트를 탈 수 있어요. 스케이트나 썰매의 날이 얼음을 누르면 그 부분의 얼음이 녹아 얇은 막을 만들기 때문에 잘 미끄러져요.

얼음을 어떻게 이용할까요?

사람들은 아주 오래전부터 얼음을 이용해 왔어요. 이누이트 족은 얼음으로 집을 지었고, 신라 시대에는 석빙고를 만들어 겨울에 언 얼음을 저장해 두었다가 여름에 쓰기도 했지요. 사람들이 살아가는 데 얼음이 어떻게 사용되는지 알아보아요.

음식을 만드는 데 쓰여요

얼음을 주스나 차에 넣으면 더욱 시원하게 마실 수 있어요. 또 여름철 더위를 식혀 주는 시원한 팥빙수나 새콤달콤 맛있는 냉면에도 쓰여요. 이처럼 얼음은 다양한 음식의 재료로도 쓰이고 있어요.

음식이 상하는 것을 막아 줘요

얼음은 차가워요. 온도를 낮춰 과일이나 생선 같은 음식물이 상하는 것을 막아 줘요.

인공 눈을 만들어요

겨울철 스키장이나 썰매장에 뿌리는 인공 눈은 아주 작은 크기의 얼음이에요. 물방울을 얼려 눈을 만들 수 있게 되면서 사람들은 겨울 스포츠를 마음껏 즐길 수 있게 되었어요.

얼음집을 지어요

눈과 얼음으로 뒤덮인 극지방에는 집을 지을 재료를 얻기 어려워 얼음으로 집을 지었어요. 얼음집은 간단하게 지을 수 있고 따뜻했어요. 지금은 잘 짓지 않는다고 해요.

눈은 얼음일까요?

구름은 작은 물방울들이 모여 있는 건데, 이 물방울들이 얼음으로 변한 것이 바로 눈 결정이에요. 눈 결정은 아래로 떨어지면서 서로 뭉쳐 눈송이가 돼요. 눈송이도 얼음이라서 눈과 얼음의 특징은 비슷해요.

눈의 특징

눈은 흰색을 띠고 투명해요. 특별한 맛과 냄새가 없고, 손으로 만지면 차갑고 미끄러워요.

눈의 결정

눈의 결정은 모양이 여러 가지예요. 단순하게 바늘처럼 생긴 것도 있고 크리스마스트리처럼 생긴 것도 있어요.

눈송이의 크기

날씨가 추울 때에는 가루눈이 내리고 포근한 날에는 눈송이가 잘 뭉쳐서 함박눈이 내려요. 함박눈은 보통 1센티미터 정도이지만 수천 개의 눈 결정이 엉겨 붙은 10센티미터의 눈송이가 발견된 적도 있어요.

눈 내린 한라산

도깨비와 내기 한 판

흰 눈이 펑펑 내리던 어느 날, 추위를 참으며 고개를 넘던 홍 서방을 도깨비가 따라왔어요. 내기를 좋아한다는 소문이 자자한 도깨비를 만난 홍 서방은 가슴이 덜컹 내려앉았어요.
"여보게, 홍 서방, 어딜 갔다 오나?"
"어어, 장에 갔다 오는 길이네."
홍 서방이 대답을 하는 둥 마는 둥 걸음을 재촉했어요.
"여보게, 홍 서방, 장에서 무얼 샀나?"

"추운 겨울을 나는 데 필요한 걸 샀지."
"여보게, 홍 서방, 자네가 산 물건 좀 보여 주게."
"보잘것없는 물건을 뭐하러 보려고 그러나. 내 다음에 좋은 물건을 사면 그때 보여 주겠네."

홍 서방은 도깨비를 따돌리려 발바닥에 땀이 나도록 내달렸어요. 그러나 도깨비는 힘 하나 들이지 않고 홍 서방을 앞지르더니 어느새 홍 서방네에 도착했어요.

"아니, 왜 이리 걸음이 늦나. 자네를 기다리느라 목이 빠질 뻔했네."

집으로 들어서면서 이젠 됐다 싶었는데, 마당 한가운데 떡 하니 버티고 있는 도깨비를 보니 홍 서방은 다리가 후들후들 떨렸어요.

"보따리 안에 뭐가 있는지 보여 달라고 했잖나!"

도깨비가 생글생글 웃으며 커다란 손으로 홍 서방의 보따리를 가리켰어요.

'어쩌지? 보따리를 보여 주지 않으면 당장 내기를 걸어올 텐데…….'

홍 서방이 고민하고 있는데 도깨비가 보따리를 빼앗아 물건을 하나씩 꺼내기 시작했어요.

"이거는 꿀단지, 이거는 고구마, 이거는 달걀, 이거는 조기……."

도깨비는 먹을 것을 죄다 꺼냈어요.

"요거는 목도리, 요거는 귀마개, 요거는 털모자……."

겨울 추위를 막으려고 산 물건도 모조리 꺼내 마루에 죽 늘어놓았어요.

도깨비는 한참 동안 꺼낸 물건을 살폈어요. 그러더니 물건들을 모두 들고 후다닥 방 안으로 들어갔어요.

"홍 서방, 내기 한 판 하세!"

방에 들어간 도깨비는 아니나 다를까 내기를 걸어왔어요.

"내, 내기라니 무슨 내기?"

홍 서방이 가슴이 콩알만 해져서 물었어요.

"자네가 이 방에 들어오거나 내가 이 방을 나가면 지는 내기! 어떤가?"

"나, 난 별로 하고 싶지 않은데……."

"뭐라고? 사내가 왜 이리 배짱이 없어? 만약 자네가 내기에서 이기면 이 집을 고래 등 같은 기와집으로 바꿔 주지. 하지만 내기에서 지면 이 집을 쥐똥만 하게 만들어 버리겠네. 으하하."

"휴, 알았네."

도깨비의 억지에 홍 서방은 결국 내기를 하게 되었어요. 도깨비는 홍 서방을 방 안으로 들어오게 하려고 꿀단지의 꿀을 먹으며 약을 올렸어요.

"여보게, 자네 꿀단지의 꿀이 달디달구먼. 어서 이리 와 같이 먹으세."

"저, 저런. 그 꿀은 어머님께 드릴 건데……."

홍 서방이 안절부절못하고 있는데 방 안에서 또다시 도깨비의 목소리가 들려왔어요.

"아이고, 고구마도 맛있고, 조기는 짭짤한 게 달걀이랑 먹으니 딱 맞네!"

도깨비가 보따리 속의 음식을 다 먹어 치우자 안달이 난 홍 서방은 발만 동동 굴렀어요.

'좋아. 네가 내 음식을 다 먹어 치웠다 이거지? 어디 골탕 좀 먹어 봐라!'

참다못한 홍 서방은 머리띠를 질끈 동여매고는 아궁이에 불을 때기 시작했어요. 마른 솔가지에 붙은 불이 활활 타오르며 구들장을 뜨겁게 달구었어요.

"오호라, 홍 서방이 온돌방에 뜨겁게 불을 때서 나를 끌어낼 셈이로군."

도깨비는 방바닥이 뜨거워지자 펄쩍 뛰어올라 천장에 매달렸어요.

"여보게 홍 서방, 괜한 수고하지 말게. 난 천장에 매달려 있으니 방바닥을 아무리 데워 봐야 아무 소용이 없을 걸세."

도깨비가 의기양양하게 소리쳤어요. 그러나 홍 서방은 불 때기를 멈추지 않았어요.

'흥! 하나는 알고 둘은 모르는 소리. 그렇게 자신 있으면 어디 한번 견뎌 보시지.'

홍 서방은 속으로 도깨비를 비웃었어요.

'바보 같은 도깨비 같으니라고. 온돌방에 불을 지피면 방바닥만 뜨거워지는 게 아니라 방 전체에 열이 퍼져 점점 더워진다고. 자, 나무를 조금 더 때 볼까나?'

천장에 거꾸로 매달려 있던 도깨비는 방이 점점 더워지자 당황했어요. 시간이 좀 더 지나자 홍 서방의 말대로 더워서

> 온돌방의 바닥을 데우면 따뜻해진 공기는 위로 올라가고, 차가운 공기는 아래로 내려와요. 그러면서 방 안 전체가 따뜻해지지요.

견딜 수가 없었어요. 땀이 방바닥에 뚝뚝 떨어지고, 고구마에 달걀에, 짜디짠 조기까지 먹은 탓에 목이 너무 말랐어요.

"아이고, 이제 더는 못 참겠다!"

마침내 도깨비는 밖으로 뛰어나왔어요.

"내가 졌네. 온돌방이 너무너무 뜨거워!"

도깨비는 내기에서 졌다며, 홍 서방의 낡은 집을 고래 등 같은 기와집으로 만들어 주었어요. 그리고 도깨비는 그 뒤로 온돌방에는 절대 들어가지 않았답니다.

동화 속 과학 이야기

열과 온돌

열의 비밀

겨울의 추위를 이겨 내려면 무엇보다 열이 필요해요. 따뜻한 햇볕, 후끈후끈한 난로, 뜨끈뜨끈한 온돌 등 열은 추위에 언 몸을 사르르 녹여 주지요. 이렇게 우리 몸을 따뜻하게 해 주는 열은 어떤 비밀을 갖고 있을까요?

불을 피우면 따뜻해요

아무리 참기 어려운 추위도 불을 피우면 따뜻해져요. 나무나 기름을 태우면 불길이 솟고, 여기에서 빛과 열이 나와요. 열은 어떤 물질이 탈 때 나오는 에너지예요.

난로는 방 안 전체를 따뜻하게 해요

방 안에 난로를 피우면 방 안 전체가 따뜻해져요. 난로 주변의 데워진 공기는 위로 올라가고, 차가운 공기는 아래로 내려가면서 방 안의 공기가 골고루 데워지기 때문이에요.

열은 물질의 모습을 바꾸는 힘이 있어요

얼음에 열을 가하면 물이 되고, 물에 열을 가하면 수증기가 돼요. 열을 빼앗기면 반대가 되고요. 이렇게 열은 물질의 상태를 바꾸는 힘이 있어요.

냄비 손잡이는 불에 닿지 않아도 뜨거워요

음식을 끓이던 냄비 손잡이를 만졌는데 뜨거웠던 적이 있나요? 열이 쇠붙이를 통해 손잡이까지 이동했기 때문이에요. 열은 이렇게 물체를 지나면서 전달되는 성질이 있어요.

검은색은 열을 흡수해요

흰색 옷을 입고 있을 때보다 검은색 옷을 입고 있을 때 더 따뜻해요. 이것은 검은 물체는 열을 잘 흡수하지만 표면이 흰색이거나 반짝반짝 윤이 나는 물체는 열을 반사하기 때문이에요.

옷을 입으면 왜 따뜻할까요?

우리 몸에서는 열이 나와요. 피부가 공기와 바로 만나면 열은 그대로 공기 속으로 퍼져 나가지요. 그런데 옷을 입으면 피부와 옷 사이에 있는 공기가 우리 몸에서 나오는 열로 데워져요. 바로 이 때문에 옷을 입으면 따뜻한 것이랍니다.

온돌에 숨어 있는 과학

추운 겨울, 우리 조상들은 아궁이에 불을 지피고 온돌방에 들어가 따뜻한 아랫목에서 몸을 녹였어요. 삼국 시대 이전부터 우리 민족과 함께 해 온 온돌에는 추위를 이길 수 있는 과학과 지혜가 담겨 있어요.

굴뚝은 방고래를 지나며 구들장을 데운 열기와 연기가 빠져나가는 곳이에요.

굴뚝, 윗목, 굴뚝 개자리, 고래 개자리

부넘기는 아궁이에서 방고래로 들어간 열기가 되돌아 나오는 것을 막고, **개자리**는 열기를 좀 더 머무르게 해 줘요.

온돌은 불을 지피는 아궁이와 방바닥에 까는 돌인 구들, 열기가 지나가는 방고래, 연기가 빠져나가는 굴뚝 등으로 되어 있어요. 방고래를 통해 들어온 열이 구들장을 데우고, 데워진 구들장이 내는 열로 방을 따뜻하게 하지요.

 **구들**은 방바닥에 까는 돌이에요. 방바닥이 되는 구들장과 구들장을 괴는 굄돌을 고래뚝에 얹어서 만들어요.

 **방고래**는 열기와 연기가 지나갈 수 있도록 돌이나 벽돌을 쌓아 만든 길이에요. 미로 같은 하나의 길로 만들기도 하고, 빗살처럼 여러 개의 길로 만들기도 해요.

아궁이는 불을 피우는 곳이에요. 주로 부엌에 만들었어요. 아궁이에 부뚜막을 만들고 솥을 걸어 음식을 만들 수 있었어요.

구들을 자세히 살펴보면 아랫목에 까는 구들장은 두껍고, 윗목에 까는 구들장은 얇아요. 아랫목은 아궁이와 가까워 쉽게 뜨거워질 수 있기 때문에 두꺼운 돌을 쓰고, 윗목은 적은 열로도 잘 뜨거워질 수 있도록 얇은 돌을 쓰는 거예요.

2학년 스토리텔링 과학동화

2014년 3월25일 1판1쇄 발행 | 2017년 3월30일 1판4쇄 발행

글 | 홍건국 그림 | 심윤정
회장 | 나춘호 펴낸이 | 나성훈 펴낸곳 | (주)예림당
등록 | 제2013-000041호 주소 | 서울시 성동구 아차산로 153 예림출판문화센터
구매 문의 전화 | 561-9007 팩스 | 562-9007
책 내용 문의 전화 | 3404-9220
http://www.yearim.kr

출판콘텐츠개발본부 이사 | 백광균
책임 개발 | 전윤경 / 서인하 디자인 | 이정애 / 이보배
국제 업무 | 김대원 / 최고은 김혜진 제작 | 정병문 / 신상덕 곽종수 홍예솔
홍보 마케팅 | 박일성 마케팅 | 채청용

ⓒ 2014 홍건국, 예림당
ISBN 978-89-302-7246-9 74400
ISBN 978-89-302-7244-5 74400(세트)

*이 책은 저작권법에 따라 보호받는 저작물이므로 무단 전재와 무단 복제를 금합니다.
 이 책의 표지 이미지나 내용 일부를 사용하려면 반드시 (주)예림당의 서면 동의를 받아야 합니다.

사진 협조
29쪽 황사에 뒤덮인 서울 ⓒtaylorandayumi | 42쪽 쓰레기가 가득한 해변 ⓒGerry & Bonni | 59쪽 지네 ⓒslodocents archive
68쪽 무당벌레 ⓒScott | 69쪽 하루살이 ⓒDidier | 95쪽 연꽃 씨앗 ⓒMaarten Heerlien | 109쪽 벚나무 겨울눈 ⓒMaja Dumat
110쪽 단풍나무 ⓒWilliam Warby | 110쪽 동백나무 ⓒNacho | 110쪽 동백나무 잎 ⓒForest and Kim Starr
111쪽 메타세쿼이아 ⓒDendroica cerulea | 111쪽 메타세쿼이아 잎 ⓒconiferconifer | 139쪽 눈 결정 ⓒMe*Myself*&*I
139쪽 손 안의 눈 ⓒJennifer C.

어린이제품 안전특별법에 의한 제품 표시사항
제품명 | 도서 제조자명 | (주)예림당 제조국명 | 대한민국 전화번호 | 02)566-1004
주소 | 서울시 성동구 아차산로 153 제조년월 | 발행일 참조 사용연령 | 8세 이상

주의! 책의 모서리가 날카로우니, 던지거나 떨어뜨려 다치지 않도록 주의하세요.